Gerhard Hartmann (Hg.)
Was mich trägt

topos taschenbücher, Band 831
Eine Produktion der Verlagsgemeinschaft Topos plus

Gerhard Hartmann (Hg.)

Was mich trägt

*Texte von Eugen Drewermann,
Julia Klöckner, Willi Hoffsümmer,
Silja Walter, Elisabeth Lukas,
Matthias Matussek u. a.*

topos taschenbücher

Verlagsgemeinschaft topos plus
Butzon & Bercker, Kevelaer
Don Bosco, München
Echter, Würzburg
Lahn-Verlag, Kevelaer
Matthias Grünewald Verlag, Ostfildern
Paulusverlag, Freiburg (Schweiz)
Verlag Friedrich Pustet, Regensburg
Tyrolia, Innsbruck

Eine Initiative der Verlagsgruppe engagement

Bibliografische Information der Deutschen Nationalbibliothek
Die Deutsche Nationalbibliothek verzeichnet diese Publikation in der
Deutschen Nationalbibliografie; detaillierte bibliografische Daten
sind im Internet über http://dnb.d-nb.de abrufbar.

2013 Verlagsgemeinschaft **topos** plus, Kevelaer
Das © und die inhaltliche Verantwortung liegen bei der
Verlagsgemeinschaft Topus plus, Kevelaer

Einband- und Reihengestaltung | Finken & Bumiller, Stuttgart
Satz | Aalexx Druck GmbH | Großburgwedel
Herstellung | Friedrich Pustet, Regensburg
Printed in Germany

ISBN: 978-3-8367-0831-9
www.toposplus.de

Inhaltsverzeichnis

Was uns trägt   8

Was uns tragen sollte   11
Elisabeth Lukas: Familienglück bedeutet Seelenfrieden   11
Dieter Voigt/Sabine Meck: Wunschlos glücklich?   15
Eugen Drewermann: Was uns hindert, gütig zu sein   18
Martina Kreidler-Kos: du gefällst mir und ich lächle   24

Die Tragfähigkeit des Spirituellen   25
Bonifaz Miller: Die Wüstenväter   25
Gisbert Kranz: Thomas von Kempen.
Die Wirkungen seiner Nachfolge Christi   27
Nikolaus Nonn: Ora et labora   30
Wunibald Müller: Sexualität als Quelle der Spiritualität   33

Das Konzil hat uns in eine Zukunft getragen.
Wird es weiter tragfähig sein?   37
Herbert Vorgrimler: Dem Konzil begegnen   37
Martin Leitgöb: „Un pontificato di passagio"…   39
Martgin Leitgöb: Vom Geist des Konzils   46
Werner Bergengruen: Römischer Abschied   49
Robert Zollitsch: Plädoyer für eine pilgernde,
hörende und dienende Kirche   52
Julia Klöckner: Zukunft der katholischen Kirche   54
Hans Maier: Kirche – zwei Zukunftsbilder   56

Der Glaube trägt uns   60
Otto Hermann Pesch: Können wir Gott erkennen?   60
Ernst Dassmann: Was wissen wir von Gott?   65
Matthias Matussek: Glaubensinseln im Strom   69
Kurt Kramer: Die Glocke   72
Uwe Wolff: Was ist ein Symbol?   75
Otto Hermann Pesch: Ein Angebot, das uns trägt   79

Menschen, die uns tragen können 81
Reinhard Abeln und Gisela Baltes: Die heilige Barbara 81
Andreas Drouve und Gisela Baltes: Der heilige Martin 83
Reinhard Abeln: Die Bedeutung des heiligen Nikolaus 87
Gisela Baltes: Der heilige Nikolaus 89
Martina Kreidler-Kos: Mit Johanna von Orléans im Gespräch 90
Gerhard Hartmann: Die heilige Johanna von Orléans 94
Teresio Bosco: Don Bosco – Priester und Erzieher 94
Gisela Baltes: Der heilige Johannes Bosco 99
Erwin Kräutler: Ein Bischof zwischen Tod und Leben 99

Trauer will getragen werden 102
Klaus Schäfer: Spuren kleiner Füße 102
Josef Pieper: Tod und Unsterblichkeit 103
Silja Walter: Sterben und Tod 106
Reinhard Abeln: Die Hoffnung des Christen ist der Himmel 110

Weihnachten 111
Willy Hoffsümmer: 24. und 25. Dezember 111
Eduard Mörike: Die heilige Nacht 112
Elisabeth Bernet: Auf dem Weg nach Betlehem 113

**Gesamtverzeichnis der lieferbaren
topos taschenbücher 2013** 114
Aktuelle Themen – allgemeines religiöses Sachbuch 114
Biographien und Lebensbilder 121
Religionen 126
Spiritualität – Leben aus dem Glauben 127
Spirituelle Texte – Gebet – Meditation 134
Spirituelle Lebensorientierung 137
Tod und Trauer – Trost und Hoffnung 141
Literarisches 143
Weihnachten und Ostern 144
Theologische Reflexionen und Essays 147
Romano Guardini 150

Autorenregister 152

Was uns trägt

Am Sonntag, dem 1. August 1976, gegen 5 Uhr in der Früh stürzte für alle überraschend und ohne irgendwelche Vorzeichen die Wiener Reichsbrücke ein. Sie war zur Zeit ihrer Errichtung im Jahr 1937 die drittgrößte Kettenbrücke in Europa und überstand zum Glück die Kämpfe im April 1945 in Wien. Da es Ferienzeit und Sonntag zeitig in der Früh war, befanden sich Gott sei Dank nur ganz wenige Autos auf der Brücke, bis auf einen Insassen konnten sich auch alle retten.

Brücken tragen uns sicher von einem Ufer zum anderen – aber nicht immer, wie das gerade geschilderte Beispiel gezeigt hat. Um Brücken wurde gekämpft, sie wurden gesprengt, damit sie nicht den Gegner tragen konnten, um nicht ans andere Ufer zu gelangen und dort einen Brückenkopf zu bilden. Brücken tragen aber nicht nur uns, sie verbinden uns auch mit anderen Menschen, insbesondere an Grenzen.

Brücken können daher auch Geschichten erzählen. Man denke z. B. an die Brücke in Mostar (Herzegowina) oder an die Filme „Die Brücke am Kwai" (von David Lean, 1957) und „Die Brücke" (von Bernhard Wicki, 1959).

Wir werden aber nicht nur von Brücken getragen, wiewohl diesen oft eine tiefe Symbolik innewohnt, sondern vor allem auch von Menschen, Vorbildern, Gemeinschaften, kulturell-historischen Identitäten und Ideen. Hier ist zuallererst die Familie zu nennen. Sie hat den Kindern, die in ihr aufwachsen, das Gefühl der Geborgenheit und Sicherheit zu vermitteln. Wenn die Kinder einmal später sich erinnernd sagen, „Die Familie hat uns ins Leben hineingetragen", dann hat sie ihre ureigenste Bestimmung wohl erfüllt.

Die Familie muss also tragfähig gemacht werden. Das ist die eigentliche Aufgabe der Familienpolitik. Das sind nicht nur materielle Unterstützungen, sondern viel mehr atmosphärische durch Politik und Gesellschaft.

Über die Familie hinaus gibt es noch eine Vielzahl von weiteren Gemeinschaften, die uns tragen können: der größere Familienverbund, die verschiedenen Freundeskreise, Nachbarschaften, die staatliche Gemeinde oder die Pfarrgemeinde. Vor allem soll uns auch die religiöse Gemeinschaft oder die Religion an sich tragen. Die Botschaft des Christentums ist ja nachgerade darauf angelegt, Menschen zu tragen; nicht nur in ihrer persönlichen Lebenssituation im Diesseits, sondern auch auf das jenseitige Ziel hin.

Vielfach ist in Deutschland aufgrund der unsäglichen Vergangenheit ein rechtes Heimatgefühl nicht vorhanden, wie es in anderen europäischen Ländern oder in Österreich zu finden ist. Wie die Familie, der Freundskreis, die Kirche usw. gibt uns auch die Heimat ein Gefühl der Geborgenheit, die uns trägt. Heimat ist mehr als nur ein lokales Umfeld mit der entsprechenden Traditionspflege, sie ist eine historisch-kulturelle Identität, die uns in Verbindung mit Menschen bringt, die dieselbe Heimat haben – und hatten, also lange vor uns lebten.

Unter Menschen, die wir kennen oder die Jahre, Jahrzehnte, gar Jahrhunderte vor uns lebten, befinden sich immer wieder Vorbilder, von deren Leben und Ideen wir angetan sind. Solche Vorbilder sind es auch, die uns tragen können, wenn wir deren Taten und Vorstellungen in unserem Leben umsetzen.

In diesem Band befinden sich Texte aus in 2011 und 2012 erschienenen *topos taschenbüchern*, die versuchen, uns eine tragfähige Basis zu vermitteln. Was uns tragen sollte, danach suchen wir unser ganzes Leben und sind dabei auf die Hilfe vieler Menschen und deren Erfahrungen angewiesen, Menschen aus unserem unmittelbaren, liebgewordenen Umfeld, aber auch große Persönlichkeiten der nahen wie fernen Vergangenheit. Vielleicht helfen diese Texte den

Leserinnen und Lesern, da und dort etwas für sie Tragfähiges zu finden.

Das Leben besteht Gott sei Dank nicht nur aus ernsten Angelegenheiten, sondern auch aus Humor, Witz und Ironie – die uns auch tragen können. Und so soll der Schluss eine wahre Anekdote aus dem eingangs geschilderten Reichsbrückeneinsturz bilden: Zur besagten Zeit am 1. August gegen 5 Uhr war bereits ein Mann wach geworden. Er ging auf den Balkon seiner Wohnung, von wo er direkt auf die Reichsbrücke blicken konnte, auf die die ersten Sonnestrahlen vom Osten fielen, und wollte die erste Zigarette des Tages rauchen. Just in dem Augenblick, als er das Feuerzeug anmachte, sah er vor sich die Brücke einstürzen. Er soll einen Schock erlitten haben, weil er in Sekundenbruchteilen einen Zusammenhang zwischen dem Anklicken seines Feuerzeugs und dem Brückeneinsturz herstellte.

Manches, von dem wir glauben, dass es uns tragen könnte, kann sich dann doch als trügerisch.erweisen.

Kevelaer, am Fest Maria Unbefleckte Empfängnis 2011

Gerhard Hartmann

Was uns tragen sollte

Familienglück bedeutet Seelenfrieden

Reinhard Tausch, bekannter Psychotherapeut, Wissenschaftsautor und langjähriger Professor an der Universität Hamburg, hat im Jahr 1998 gemeinsam mit den beiden Psychologen *Nicola Richter* und *Markus Doll* eine größere Forschungsreihe an 432 Personen durchgeführt. Ziel seiner Untersuchung war eine Klärung der spannenden Frage, was Menschen seelischen Halt und seelische Kraft verleiht. Hier ein Auszug aus dem Ergebnisresümee dieser Untersuchung:

1. Das, was als seelischer Halt und seelische Kraftquelle erfahren wird, wird in ca. 65 Prozent zugleich als sinnvoll/sinnerfüllend erlebt; und Sinnerfüllung im alltäglichen Leben hängt eng zusammen mit seelischer Gesundheit, dagegen wenig Sinnerfüllung/Sinnlosigkeit mit deutlichen seelischen Beeinträchtigungen.

2. Personen, die gemäß den Tests nachweislich lebenszufriedener waren, hatten deutlich mehr inneren Halt in Religion und Spiritualität (40 Prozent), in Partnerschaft (37 Prozent) und in Familie (33 Prozent); dagegen hatten lebensunzufriedene Menschen mehr Halt in Mitmenschen (44 Prozent), in Arbeit und Beruf (26 Prozent) und in Zielen (9 Prozent).

Was die Völker der Erde immer schon gewusst haben, wurde somit durch die moderne Psychologie bestätigt, nämlich, dass der Mensch eine Geborgenheit in der Liebe braucht, um sein Leben als sinnvoll annehmen zu können, sei es in der göttlichen Liebe, sei es in der mitmenschlich-familiären Liebe. Aber auch ohne aufwendige Experimente ist es jedermann einsichtig, dass der Mensch nicht allein aus sich selbst heraus in stabiler Zufriedenheit existieren kann. Zu brüchig und verletzlich ist seine Natur, in zu verworrenen Mustern umschlingen ihn die Schicksalsfäden und knüpfen ihn an grausige Bedingungen, aus denen es kein Entrinnen gibt. Die aufblühende Schönheit von gestern ist die verhärmte, gestresste Frau von heute. Der strahlende Held von heute ist der misslaunige Zittergreis von morgen. Dabei müssen wir noch froh sein, wenn die Generationenabfolge stimmt und nicht etwa die aufblühende Schönheit oder der strahlende Held zugrunde gehen, bevor sie verhärmt und misslaunig werden können! *Paul Reps* hat dies in der folgenden Weisheitsgeschichte geschickt auf den Punkt gebracht:

Ein reicher Mann bat Sengai, etwas für das Glück seiner Familie aufzuschreiben, sodass es von Generation zu Generation im Gedächtnis behalten würde.

Sengai verlangte einen Bogen Papier und schrieb: „Vater stirbt, Sohn stirbt, Enkel stirbt."

Der reiche Mann wurde ärgerlich. „Ich bat euch, etwas für das Glück meiner Familie zu schreiben! Warum macht Ihr solch einen Scherz?"

„Ich hatte nicht die Absicht, einen Scherz zu machen", erklärte Sengai. „Wenn dein Sohn vor dir sterben würde, so würde dich das sehr bekümmern. Wenn dein Enkel vor deinem Sohn sterben würde, so würde dies euch beiden das Herz brechen. Wenn aber deine Familie Generation auf Generation in der Reihenfolge dahinscheidet, die ich genannt habe, so ist das der natürliche Ablauf des Lebens. Das nenne ich wahres Glück."

Wer ernsthaft darüber nachdenkt, wird sogleich zustimmen. Es ist gewissermaßen schon ein Segen, die Eltern zu verlieren und nicht etwa die Kinder ...

Weniger selbstverständlich ist ein anderes Detail aus der Studie von *Reinhard Tausch*. Offenbar können Singles genauso gut wie in Gemeinschaften lebende Personen inneren Halt, Kraftquellen und Sinn in ihrem Leben finden. Trotzdem ist die Gesamtzufriedenheit derjenigen, die in einer Partnerschaft oder Familie leben, statistisch eindeutig höher. Arbeit, Beruf, individuelle Ziele, ja nicht einmal Freunde und Bekannte vermögen demnach aufzuwiegen, was die familiäre Verbundenheit und religiöse Rückgebundenheit dem Menschen zu gewähren vermögen.

Wieder landen wir beim Stichwort „Geborgenheit". Fragen wir: Was ist das überhaupt in unserer vergänglichen Welt? Nun, Geborgenheit ließe sich definieren als ein (rational nicht begründbares) Ur- bzw. Vorwissen, *bedingungslos wertvoll und wertgeschätzt* zu sein. Sozusagen von Anbeginn an ohne Wenn und Aber. Diese Definition erinnert mich an eine Großmutter, die mir einst erzählte, dass ihre 4-jährige Enkeltochter sie gefragt hätte: „Oma, wo war ich, bevor es mich gab?" Ich war neugierig: „Was haben Sie Ihrer Enkeltochter geantwortet?" Die Oma lächelte: „Ich habe der Kleinen gesagt: *Du warst in der Liebe versteckt.* Sie hat altklug genickt und ist summend davongehüpft." Überlegen wir: Hat die Großmutter ihre Enkeltochter angelogen, hat sie ihr die Welt schöngebügelt? Ich meine, sie hat dem Kind in sechs schlichten Worten die grandiose Wahrheit vermittelt, dass es geborgen ist – seit Ewigkeit und in Ewigkeit. Applaus für die Oma!

Drücken wir es zusammenfassend so aus: Die erste und letzte Geborgenheit ist nicht von dieser Welt. In sie hinein streckt der religiöse Mensch seine haltgebenden Wurzeln. Die höchstmögliche irdische Geborgenheit jedoch, die wir kennen, bietet die intakte Familie. Sie leistet, was keine Institution oder berufliche Gruppierung leisten kann, nämlich die bedingungslose Wertzusprechung und Wertschätzung ihrer Mitglieder. Ob eines jung oder alt, gesund oder krank, nützlich oder untauglich ist, spielt für die intakte Familie eine untergeordnete Rolle. Als Mitglied ist es „unser Baby", „unser Bruder", „unsere Mutter" usw., es ist gleichsam „in der Liebe seiner Angehörigen versteckt". Und dies auch ohne Titel und Würden, Besitztümer und Ämter ... notfalls als nacktes Menschlein in seiner ganzen

Hilflosigkeit. Nirgendwo auf Erden sind wir (normalerweise) so sehr *um unserer selbst willen* gemocht und willkommen wie in unserer Familie! Kein Wunder, dass Personen mit einem tiefen Glauben und/oder guten familiären Beziehungen häufig ihr Leben bejahen – wissen sie sich doch selber in tragendem Umfang bejaht.

Leider allerdings muss eine Familie nicht intakt sein. Sie kann kränkeln, auseinander brechen, gar zum Kriegsschauplatz pervertieren. Dann verlieren ihre Mitglieder nicht einfach bloß Partner oder Blutsverwandte. Sie wechseln nicht nur gewohnte Kontakte, gemeinsame Aktivitäten oder vertraute Räumlichkeiten. Weitaus Tragischeres geschieht: Der Ort höchstmöglicher irdischer Geborgenheit rückt für sie in unerreichbare Ferne. Künftig werden sie sich bemühen und wieder bemühen, Anerkennung und Zuwendung seitens ihrer Mitmenschen zu erringen und stets die Erfahrung machen, etwas Konkretes dafür einbringen zu müssen. Ist jemand ein tüchtiger Manager, wird man ihn hofieren. Ist er ein fleißiger Bediensteter, wird man ihn wohlwollend entlohnen. Ist er ein brillanter Redner, wird man ihn zu Vorträgen einladen. In dem Augenblick aber, da seine Tüchtigkeit, sein Fleiß oder seine rhetorischen Kräfte nachlassen sollten, wird man ihn mehr oder weniger höflich ausrangieren. Im Freundeskreis geht es sanfter zu. Dennoch reduzieren sich auch die Freunde, die man hat, in Phasen physischer, psychischer oder ökonomischer Engpässe auf die sprichwörtlichen »Raritäten«. Das mitmenschliche Geborgensein verdünnt sich schnell ...

Mir liegt eine Aufzeichnung der deutschen Telefonseelsorge aus dem Jahr 1994 vor, bei der die Problemfelder und Gesprächsanliegen von 100.000 Anrufern grobklassig registriert worden sind. Laut Datenanalyse haben damals

56 Prozent der Anrufer/innen – familiäre Probleme,
28 Prozent der Anrufer/innen – Probleme mit sich selbst,
16 Prozent der Anrufer/innen – sonstige Sorgen

genannt. An den Prozentsätzen wird sich inzwischen nicht viel geändert haben. Die familiären Konflikte umkreisen die Verzweiflungsspitzen unserer Gesellschaft wie die Bergdohlen die Felsen der Alpen – in der Bereitschaft, jederzeit auf ihre Beute niederzustoßen. Es ist nicht zu leugnen: Familienglück ist unersetzbar. Es bedeutet Seelenfrieden. Es bedeutet Zuhausesein. Es bedeutet pures Selbstseindürfen. Wer es verspielt, gelangt vielleicht zur Seelenruhe des Waffenstillstandes, aber kaum darüber hinaus. Freilich bestätigen Ausnahmen die Regel. Nur sind Ausnahmen eben die unwahrscheinliche Variante des Gesetzes der großen Zahl. Und wer möchte schon auf Unwahrscheinlichkeiten bauen?

Aus Lukas, Elisabeth: Familienglück. Verstehen – Annehmen – Lieben.
topos taschenbuch 812, S. 11 bis 16.

Wunschlos glücklich?

Glück sucht der Mensch, solange er lebt; er will ständig glücklich sein. Das ist tief im Menschen verwurzelt und bildet die Triebkraft für sein Verhalten und Handeln. Aber, nach welchem Glück strebt er? Und welches Unglück fürchtet er, will es verdrängen und ihm vorbeugen?

Ist das der Sinn unseres Lebens? Leben wir, um glücklich zu sein? Worin unterscheidet sich hier der Mensch vom Tier, z. B. von der Katze, die sich wohlig der Sonne entgegenstreckt? Und wie ist auf dieser Stufe die Glücksbilanz?

Die Menschheit leidet. Ist dem Menschen nicht die Möglichkeit für höheres Glück gegeben? Ja, sie ist gegeben: Einzigartig ist dieses Wunder, und es gründet im Gelassensein. „Glück" ist wohl das schönste Wort der deutschen Sprache. „Gelassenheit" hingegen – auch eine deutsche Wortschöpfung – steht ohne Zweifel für den wichtigsten Inhalt, die Vollkommenheit, die höchste Stufe der Entwicklung des Menschseins. Glück ist nicht gleich Glück: Vergnügen, Besitz, Ansehen, vermiedener Ärger – alles von äußeren Umständen Abhängende – liegen auf einer ganz anderen Ebene als das den ganzen Menschen ergreifende, andauernde, wunschlose Glück. Dieses Glück finden wir nur im Gelassensein – je tiefer es ist, umso vollkommener ist das Glück. Vielleicht kann Sie unser Buch auf dem Weg zum Wunderbaren begleiten.

Glück scheint der Leitstern der Menschen zu sein. Alle suchen es und streben danach. Jeder glaubt, es zu kennen; alle wissen, es währt nur kurz, und Leid und Unglück sind allgegenwärtig. Und die Bilanz: Die Menschheit leidet, und das auf sehr verschiedenen Ebenen.

Glück – so wird überall verkündet – sei das Wichtigste im Leben. Ein riesiger Glücksmarkt beherrscht das Leben der Menschen. Er reicht vom mittelalterlichen Ablasshandel bis hin zu der modernen Werbung aller Art, der Partnervermittlung, den Spielautomaten, Computerspielen, Horoskopen und an Scheinbedürfnissen ausgerichteten Leitbildern, Konsumanreizen, unerfüllbaren Versprechen …

Ungezählte Schriften über das Glück – meist Anleitungen zum Glücklichwerden – überschwemmen Buchhandel, Internet und Werbung: Wie lassen sich schnell meine Wünsche erfüllen?

Über Glück sprechen allerdings viele, an Gelassenheit wagen sich nur wenige, die meisten verstehen darunter Ruhe zu bewahren, Bequemlichkeit, Gemütlichkeit; es soll etwas entäußert werden. Der Zusammenhang zwischen beiden wird nur selten berührt und bleibt deshalb unverstanden. So lässt sich weder erkennen, was wirkliches Glück bedeutet, noch gar, welche Ursache ihm zugrunde liegt. Das große Geheimnis wunschlosen Glücks bleibt fest verschlossen.

Worin liegt aber das Geheimnis von Glück und Gelassenheit? Was ist wirkliches Glück?

Worauf beruht es? Was ist Gelassenheit? Welcher Zusammenhang besteht zwischen Verlassensein und Glück? Welcher Weg führt zum Glücklichsein? Was bedeutet: Alles ist eins? Weshalb sind Demut, Bescheidenheit, Mitgefühl, Ehrfurcht, Disziplin, Achtsamkeit, Dankbarkeit, Herzlichsein, Humor, Lauterkeit, Hilfsbereitschaft, selbstloses Geben, innere Ruhe so wichtige Tugenden?

Der Weg zu selbstloser Liebe und wunschlosem Glück führt über das Gelassenwerden. Inwieweit können Worte auf diesem Pfad hilfreich sein? „Reden ist Silber, Schweigen ist Gold." „Hättest du geschwiegen, du wärest ein Weiser geblieben." Die Volksweisheiten gelten heute wie früher.

Aber wie heißt es in den ersten Versen des Johannesevangeliums (1,1–4): „Im Anfang war das Wort, und das Wort war bei Gott, und das Wort war Gott. Im Anfang war es bei Gott. Alles ist durch das Wort geworden und ohne das Wort wurde nichts, was geworden ist. In ihm war das Leben und das Leben war das Licht der Menschen."

War das Wort (des Höchsten) – die Physik nennt es Information – die Quelle, aus der unsere Welt entstand? Je mehr wir wissen und erfahren haben, umso mehr schwindet Hochmut und umso stärker ergreifen uns Demut, Ehrfurcht und Bescheidenheit. Unsere verbale Sprache ist der Versuch, mehr oder weniger differenzierte Sachverhalte in Begriffe zu prägen und diese, gesprochen, schriftlich oder in Bilder u. a. gefasst, zu gebrauchen.

Da wir das Göttliche nicht denken und begreifen können (es ist nur erfahrbar), entzieht es sich unserem sprachlichen Ausdrucksvermögen. Wir können in diesem Fall nur sagen, dass und was wir nicht begreifen können. Tief ergriffen fasste es vor 700 Jahren die Mystikerin Marguerite Porète (um 1250/1260–1310) in Worte: „Denn alles, was man von Gott sagen oder schreiben kann, noch auch zu denken vermag – was mehr ist, als man sagen kann –, gleicht eher einer Lüge denn einer wahren Aussage."

Die Wirklichkeit ist das sich ständig verändernde Ganze; unsere Worte und Begriffe sind dagegen festgelegt und können nur Bruchstücke von ihr spiegeln. Trotzdem: Unsere Sprache – wir denken und träumen darin und sie ist die Grundlage von Bildung (Lesen und Hören), Intellekt, Wissenschaft, Kommunikation, Kunst – ermöglicht und fördert den Zugang zum Göttlichen. Sei es durch Überzeugen (Gesprochenes, Gehörtes und Gelesenes), Informieren, Ergreifen, Beten, Rezitieren, Mantras.

Das Wort ist hier also weit mehr als ein Lockmittel, aber von einer gewisse Bewusstseinsstufe an verliert es an Gewicht. Was verstehen wir unter einem erfüllten Leben? Je sicherer Liebe und Gelassensein dabei den Menschen führen, umso erfüllter gestaltet sich sein Leben.

Aus Voigt, Dieter / Meck, Sabine: Über Glück und Gelassenheit.
Wege zu einem erfüllten Glück.
topos taschenbuch 780, S. 10 und 13 bis 16.

♦

Abbas Evagrios sagte: „Man soll in allen Dingen Maß halten und beständig sein. Dinge, die nur für eine kurze Zeit unternommen werden, bringen mehr Schaden als Nutzen."

Aus Die Wüstenväter: Sag mir ein gutes Wort. Gedanken für jeden Tag.
Ausgewählt und herausgegeben von Bonifaz Miller OSB.
topos taschenbuch 796, 12. Januar

Was uns hindert, gütig zu sein

Wenn die Einleitung historisch zutrifft, die Lukas dem Gleichnis vom „Verlorenen Sohn" (Lk 15, 11-32) gegeben hat, handelt es sich um den vielleicht letzten, jedenfalls großartigsten Versuch Jesu, noch einmal die verfeindeten Gruppen zusammenzubringen und einzuladen zu einem Fest der gemeinsamen Freude. Genauer gesprochen handelt es sich um ein äußerstes Bemühen, sich selber seinen Gegnern gegenüber zu erklären und verständlich zu machen. [...]

So erzählt er die Geschichte eines Mannes, der auf seine Weise zu einem Verlorenen und Verlaufenen wurde. Es mag viele Motive geben, die uns bestimmen, in die Irre zu gehen. Eines davon wählt Jesus aus. Es ist ein sehr starkes Motiv: der Drang nach Freiheit. Vielleicht dass Jesus dieses Motiv im Vis-à-vis zu seinen Gegnern einfällt. Ein junger Mann hat von seinem Elternhaus die Nase voll und will nur noch eines: weg. Man kann das verstehen, wenn ein Junge in einer Umgebung geregelter Tugenden, sorgsam ihm anvertrauter Pflichten heranwächst. Sein Elternhaus ist so wohlbestellt, so makellos verwaltet, so unerträglich langweilig, es schnürt die Luft ab, und dieser Junge will nur raus, in das „wirkliche Leben". Er ist dabei nicht gerade zimperlich, denn wie wenn sein Vater schon zu Lebzeiten tot wäre, bedingt er sich das Erbteil aus und hat die Stirn, auch noch hinzuzufügen, „das mir zusteht".

Sang- und klanglos holt der Vater das Erbe hervor, und der junge Mann packt sein Bündel und wandert aus, bis zum Ende der Welt, dort wo das Glück blüht, in ein fernes Land, das nicht weit genug weg sein kann. Er wird das Glück mit beiden Händen greifen, er wird das Leben leersaugen und viel zu spät merken, wie leer er selber dabei wird, in diesem Trubel zum Fenster hinaus. Er, der nichts will als die Freiheit, wird am Ende aus Not sich als Lohnsklave einem der Männer jenes Landes aufdrängen. Und es kommt schlimm, für einen rechtschaffenen Juden unvorstellbar schlimm. Er wird sein Geld verdienen von der Hand in den Mund mit Schweinehüten; noch ärger, er wird froh sein, wenn er wenigstens leben könnte wie die Schweine, indem er ihre Nahrung fräße. Er sinkt unter das Niveau der Schweine hinab, er ist am Ende, in einem Zusammenbruch all seiner Vorsätze inmitten seiner zerronnenen Illusionen.

Gerade die starken Charaktere werden, solange es irgend geht, sich weigern, zu früh umzukehren. Sie werden versuchen, sich durch dick und dünn nach vorn zu kämpfen, gerade darum sind sie in dieser Situation am meisten gefährdet. Schließlich erinnert sich dieser junge Mann, wie es im Hause seines Vaters war, und es wird ihm die Vergangenheit zur Zukunft und das Gedächtnis zum Ziel. „In meines Vaters Hause leben die Tagelöhner besser als hier." Und es wird schließlich sein eigenes Interesse, zurückzukehren; nur hat er alles verwirkt. Er spricht es sich vor, wie um es sich einzuprägen, damit er es in der Stunde, wenn es drauf ankommt, sagen kann: „Ich habe gesündigt gegen den Himmel und gegen dich." Und: „Ich bin nicht mehr wert, dein Sohn zu heißen."

In all dieser Zeit war von dem Vater nicht die Rede. Es lässt sich aus seiner Gestalt nicht ohne weiteres das Bild malen, das uns Jesus von Gott vermitteln möchte. Dennoch aber geht beides ohne Zweifel ineinander. Wir könnten bei der Einleitung dieser Geschichte gedacht haben: „Der Vater gibt seinem jüngsten Sohn das Erbe, indem er es ihm aus Gleichgültigkeit hinlegt. Hat der Sohn von ihm die Nase voll, so geschehe ihm recht, er soll verschwinden, und je schneller er ins Leid kommt, um so besser! Er wird merken, wie Not sich anfühlt, und vielleicht wird er mitten im Elend begreifen, was er an seinem Vater gehabt hat." Es wäre mehr als verständlich, wenn wir uns den Vater so vorstellten. Statt dessen erfahren wir, dass es sich ganz anders verhielt.

Nicht aus Gleichgültigkeit, sondern aus einem unglaublichen Respekt vor der Freiheitssehnsucht seines Sohnes ließ er ihn in die Fremde ziehen. Ihm starb, wie wir jetzt hören, sein Sohn bei dem, was er tat, aber er riskierte es, ihm nichts zu verweigern. – Wenn wir das auf Gott übertragen, beantwortet es uns eine Frage, die wir sehr oft stellen: Wie kann Gott so entsetzlich viel an Durcheinander in unserem und anderer Leute Leben zulassen? Folgt man dieser Geschichte, so kommt es daher, dass Gott unsere Freiheit und das, was wir wollen, aufs äußerste ernst nimmt. Er lässt uns frei, wohin wir wollen, und begleitet uns, gleich wo wir sind.

Kaum dass der Sohn sichtbar wird, läuft dieser hochbetagte Orientale ihm entgegen, umarmt ihn, küsst ihn, und wie der stottert, was er sich vornahm, fällt er ihm in die Rede, hört die vorgesprochenen Worte „Ich bin nicht mehr dein Sohn« gar nicht mehr an; einzig ist ihm darum zu tun, die Würde seines Sohnes wiederherzustellen. Einen Ring an den Finger, ein neues Gewand und Schuhe an die Füße – das ist die Sorge dieses Mannes – und ein Freudenmahl, das Glück zu feiern, nach Stunden und Tagen des Leids zusammen und versöhnt miteinander zu sein. So, wollte Jesus sagen, ist sein Bemühen um das hundertste Schaf und das am meisten verlorene. Er wollte ihm entgegengehen, dem Menschen, der allein umkommt vor Scham, er wollte nicht die Worte des Gesetzes und der Rechthaberei sprechen, sondern die ungeteilte Freude des Himmels vermitteln. So sagte er: „Es ist über einen einzigen, der umkehrt, mehr Glück im Himmel bei Gott als über neunundneunzig Gerechte. Lässt sich das nicht verstehen? Ist das so schwer zu begreifen?

Das Gleichnis könnte hier enden, wäre es nicht zu der Gruppe der Gegner, der Frommen und der Theologen, der Gesetzeskundigen und Gesetzebefolgenden gesprochen. Ihr Portrait malt Jesus in der Gestalt des älteren Sohnes. Ein jedes Wort stimmt, wenn dieser Mann sagt: „Nie habe ich eines deiner Gebote übertreten." Er ist korrekt, fehlerfrei, ordentlich, zuverlässig, pflichtgetreu – das alles stimmt, und Jesus hat es an den Pharisäern und den Theologen nie bezweifelt. Nur, es gibt eine entscheidende Prüfungsfrage: wieviel das alles wert ist, wieviel an aus Freude getragenem Verständnis in dieser Haltung wohnt. Und da sieht es betrüblich aus. Nicht nur den Frommen damals, sondern uns selber heute noch erscheint das Böse oder die Sünde eigentlich wie etwas verlockend Kostbares, wie eine giftige Pflanze, an der man sich berauschen könnte, die aber leider jenseits unseres eigenen Gartenzaunes wächst. Und die Hürde dieses Zaunes wagen wir nicht zu überschreiten, aus Angst. Einzig das Motiv der Angst hindert uns, wirklich loszulegen und das Leben, üppig wie es ist, einzuholen.

Also müssen wir uns unterdrücken. Der Preis des Guten ist die Selbstbeherrschung, die Disziplinierung, der Kampf gegen sich selber. Der innere Schweinehund muss an die Kette gelegt werden. So leben wir alle. Und kommt dann jemand und macht es anders, so richten wir auf ihn den gleichen Zorn, der in uns lebt. Jesus ist ein Meister der Erzählkunst, denn jetzt überrascht er uns mit der konkreten Vorstellung der Guten, was denn das Böse sei. Dieser Bruder hat sein Geld mit Dirnen durchgebracht! Davon war die ganze Zeit nicht die Rede. Für diesen älteren Sohn aber gibt es überhaupt keine andere Vorstellung von einem saftig prallen Leben.

Was uns hindert, gütig zu sein, ist die Art, in der wir uns zwingen, gut zu werden. Sie sperrt immer ab, sie sieht ständig Gefahren lauern, und wir wagen die eigene Tugend nicht, weil wir immer auf der Hut sein müssen vor uns selber. Und wir werden denjenigen mit Füßen treten, der nicht so lebt wie wir. Weil es für uns so schmerzhaft ist, muss die Übertretung der Gesetze schmerzhaft sein. Weil wir in uns selber soviel totgemacht haben, müssen wir totmachen, was anders ist als wir.

Damit dies keine Dinge von vor zweitausend Jahren bleiben, wollen wir sie in unsere Wirklichkeit übersetzen: Leute, die sich verloren haben und dennoch versuchen möchten, vor Gott und den Menschen zurechtzukommen – wenn da jetzt nicht abstrakt von »Sünde« die Rede ist, sondern z. B. von jenen, die in ihrer Ehe gescheitert sind, oder von Priestern, die geheiratet haben, oder von Drogenabhängigen oder von fünfundzwanzigjährigen Straffälligen. Sie alle haben keine Chance. Die wirklich Frommen, die Gesetzestreuen, die Gesetzeserklärer und Theologen werden Gründe haben, zu wissen, warum solche Menschen hier am Altar die Hostie zu empfangen nicht würdig sind. Die Bibel, sogar die Worte Jesu, die Ordnungen, nach denen wir uns richten müssen, dienen zur Rechtfertigung des Ausschlusses.

Es ist ein ewiger Kampf gegen die Güte, weil wir mit uns selber nicht zurechtkommen. Wenn da jemand wirklich drogensüchtig und dazu noch hilfsbedürftig ist, ist die Caritas für ihn da; denn mitleidig sind wir. Aber wenn sich zeigen sollte, dass hier ein Freudenfest gefeiert wird, dass es dem Betreffenden gutgeht, dass er zurückkehrt und es ihn überhaupt nichts kostet, dann wird die Strafe eingefordert, dann zeigt sich der Sadismus unserer Korrektheit, unseres

Ordnungsdenkens, die ganze Grausamkeit, in der wir leben.

Dass jener jüngere Sohn in sein Vaterhaus zurückgefunden hat, hält Jesus für gewiss; ob der ältere Sohn, der all die Zeit bei seinem Vater war, zurückgefunden hat, wissen wir nicht. Es bleibt uns selber zur Entscheidung überlassen.

Aus Drewermann, Eugen: Wenn der Himmel die Erde berührt.
Meditationen zu den Gleichnissen Jesu.
topos taschenbuch 803, S. 24 bis 30 (gestrafft).

♦

Ein anderer bat um eine gute Regel für jeden Tag. „Wenn du aufstehst, dann sprich: Mein Leib, wirke und arbeite, damit du zu essen hast; und du, meine Seele, sei mäßig und lauter, damit du dein väterliches Erbteil nicht verlierst."

Aus Die Wüstenväter: Sag mir ein gutes Wort. Gedanken für jeden Tag.
Ausgewählt und herausgegeben von Bonifaz Miller OSB.
topos taschenbuch 796, 2. Januar

du gefällst mir und ich lächle
über die zeiten hinweg
verwunderlich
deine gegenwart fällt mir ins herz
wird noch einmal erdenschwer
und gräbt ihre feinen wurzeln
in meine fragende seele
zeit setzt sich in bewegung und ich wachse
an dem was ich in mir trage
unmerklich
bis mich ein zarter duft streift
der ohne dich nicht bei mir wäre
und ich die erste blüte bemerke
die mich zu einer reicheren macht
im erinnern liegt stärke und ich beginne
der kraft von verbindung zu trauen
möglich
dass du mir tatsächlich geleit gibst
mich weisheit eigensinn mut lehrst
und ich deine geschichte beim wort nehme
um meinem leben gestalt zu geben

Martina Kreidler-Kos aus Kreidler-Kos, Martina (Hg.): Von wegen von gestern! Die Lebenskunst großer Frauen.
topos taschenbuch 799, S. 11

Die Tragfähigkeit des Spirituellen

Die Wüstenväter

Die Väter der Wüste lebten in den zwei Jahrhunderten, in denen die Kirche aus den Verfolgungen der Märtyrerzeit in die Freiheit der Reichskirche schritt und damit zur Weltkirche wurde. Damit aber war auch viel Welt in die Kirche eingeströmt: Das alte Mönchtum ist ein Protest dagegen, ein Versuch, durch Auszug aus der Welt dem Evangelium treu bleiben zu können. Man wollte den Heroismus und Enthusiasmus der Märtyrerzeit und auch das Bemühen der frühen Asketen und Jungfrauen fortführen. Wie allem menschlichen Werk war auch diesem Aufstieg Höhe und Niedergang beschieden.

Diese Einsiedler wohnten in Ägypten, hauptsächlich südlich von Alexandrien, der großen Weltstadt. in den Tälern von Nitrla, Kellia und Sketis. Doch auch in die Berge am Roten Meer zogen sich welche zurück, so vor allem der erste und größte von allen: Antonius. Im allgemeinen hielten sich diese Väter frei von Übertreibungen, wie sie anderswo beliebt waren: Säulenstehen, Einmauern, mit schweren Gewichten beladen Herumgehen u. ä.

Die Einsiedler wurden „Abbas" = Vater genannt, die weiblichen: „Amma" = Mutter. Sie lebten in einem „Kellion" = Zelle, Häuschen, Hütte, auch manchmal in einer Höhle. In der alten Zeit lebte jeder möglichst allein und abgesondert, später taten sich Lehrer und Schüler, bei Wahrung bestimmter Abstände, zusammen. Der nächste Schritt war dann, eine solche Gruppe durch eine Mauer noch enger zusammenzuschließen: diesen Schritt vollzog der Gründer des klösterlichen Gemeinschaftslebens, Pachomios.

Man lebte von Handarbeit. Später wurde durch Verwalter das Erarbeitete gesammelt, auf dem Markt verkauft und vom Erlös für alle Lebensmittel gekauft und verteilt. Man machte Matten, flocht Seile, formte Töpferware. Einzelne schrieben auch Bücher ab.

Das Hauptwerk war Gebet, Psalmengesang und Schriftlesung. Die Schrift kannten viele auswendig. Später wurde auch das religiöse Leben „organisiert": Es gab Kirchen, Eucharistiefeiern, Versammlungen, Unterricht u. ä. Allerdings waren viele der Mönche Analphabeten und begnügten sich mit dem Hersagen einiger Verse, die man ihnen beibrachte. Bei aller Betonung der frommen Übung wurde immer besonderer Wert auf geistliche Haltungen gelegt: Demut, Gehorsam, Discretio (= Unterscheidungsgabe), Schweigen und vor allem Nächstenliebe, die von vielen so geübt wurde, daß die Meinung, die Einsiedler seien Egoisten gewesen, als Vorurteil entlarvt wird.

Die Aussprüche und Anekdoten dieser Wüstenväter wurden früh gesammelt in allen damaligen Sprachen: Koptisch, Griechisch, Syrisch und Lateinisch. Die „Worte" wurden von einem Heilsbegierigen erfragt und vom Vater als Geistträger als persönliche Weisung für einen Einzelnen gegeben, während sich die späteren Regeln der Ordensgründer und Organisatoren an viele wandten.

Wie soll man diese Worte aus der Frühe christlicher Frömmigkeit lesen? Einmal: in dem aufnahmewilligen Geist, in dem sie damals erfragt und gehört wurden. Dann so, daß der lesende Laie einfach für „Mönch" oder „Schüler" und „Bruder" sein Ich oder allgemein „Christ" einsetzt; denn die Mönche wollten nichts anderes als Christen sein: nur totaler und mit ganzem Ernst.

Schließlich: Es wäre ein Irrtum anzunehmen, diese längst toten Leute hätten uns in unserer so anderen Welt nichts mehr zu sagen. Im Gespräch des Menschen mit Gott werden allemal noch die gleichen Nöte und Worte gestammelt wie eh und je, und die Sehnsucht des Herzens des Menschen in der Wüste aus Sand gleicht überraschend der des Menschen in der Wüste aus Stein und Asphalt! Man muß nur mit dem Herzen lesen, was aus dem Herzen kam.

Aus Die Wüstenväter: Sag mir ein gutes Wort. Gedanken für jeden Tag.
Ausgewählt und herausgegeben von Bonifaz Miller OSB.
topos taschenbuch 796, S. 5, 6 und 111 (zusammengefasst).

♦

Makarios trug einmal einen schweren Sack voll Sand bei großer Hitze durch die Wüste. Befragt, was er sich denn da für Arbeit schaffe und was das bedeute, antwortete er: „Ich plage den, der mich plagt!"

Ein alter Soldat fragte einmal einen Altvater, ob Gott den, der seine Sünden bereut, wieder annehme. Der Alte erwiderte ihm: „Sag mir, mein Freund, wenn deine Uniform einen Riß bekommt, wirfst du sie dann weg?" Der Soldat antwortete: „Nein, sondern ich flicke sie und ziehe sie dann weiter an." Darauf entgegnete ihm der Altvater: „Wie du, so auch Gott! Wenn schon du deine geflickte Kleidung weiter trägst, sollte da Gott nicht mit seinem Ebenbild auch Geduld haben?"

Aus Die Wüstenväter: Sag mir ein gutes Wort. Gedanken für jeden Tag.
Ausgewählt und herausgegeben von Bonifaz Miller OSB.
topos taschenbuch 796, 25. und 29. Februar

Thomas von Kempen: Die Wirkungen seiner Nachfolge Christi

Die Wirkkraft des Hauptwerks von Thomas von Kempen ist einzigartig. Man zählt über 800 mittelalterliche Handschriften, mehr als 100 Inkunabeln und mehr als 4000 unterschiedliche Druckausgaben in etwa 80 Sprachen. Gelesen und wiedergelesen wurde die *Nachfolge Christi* von Angehörigen der verschiedensten Berufe und Konfessionen, in allen Jahrhunderten und Ländern. Sie gehört zu den wenigen Büchern, die keinen Staub angesetzt haben und zeitlos gültig sind.

Obwohl für Ordensleute verfaßt, hat die *Nachfolge Christi* stets auch Laien in der Welt angesprochen. Obwohl sie Zurückgezogenheit von der Welt und Betrachtung der göttlichen Dinge fordert, haben gerade tatkräftige Männer, die mächtige Bewegungen auslösten oder bedeutend in das Weltgeschehen eingriffen, ihren Geist an ihr gestärkt. Offensichtlich spürten gerade diese Aktivisten, wie sehr sie zwischen den hektischen Betriebsamkeiten Pausen der stillen Einkehr und Besinnung nötig haben.

Die *Nachfolge Christi* war ein Lieblingsbuch mancher Politiker und Staatsmänner, vom englischen Lordkanzler Sir Thomas More bis zu dem deutschen Reichskanzler Georg Graf von Hertling, dem schwedischen Minister und Generalsekretär der Vereinten Nationen Dag Hammarskjöld und dem französischen Ministerpräsidenten und Außenminister Robert Schuman, dem Vater der europäischen Einheit.

Der Ordensgründer Ignatius von Loyola las täglich zwei Kapitel aus der *Nachfolge Christi*, eines in der Reihenfolge und ein anderes so, wie er es zufällig aufschlug. Er empfahl auch seinen geistlichen Söhnen, den Jesuiten, und verwertete die *Nachfolge Christi* in seinen *Exercitia spiritualia* nach dem Vorbild des spanischen Benediktinerabts Garcia de Cisneros, der das Kloster auf dem Montserrat reformierte.

Auch andere Heilige des 16. und 17. Jahrhunderts, die Wichtiges zur Reform der katholischen Kirche leisteten, z. B. Papst Pius V., Carlo Borromeo, Filippo Neri, Petrus Canisius und Franz von Sales, priesen die *Nachfolge Christi*. Robert Bellarmin nannte sie das nützlichste Buch, das er kenne; er habe es von Jugend auf immer wieder gelesen, und stets sei es ihm neu vorgekommen (eine Erfahrung, die übrigens auch der hier anwesende Schriftsteller gemacht hat). Luis de Granada übersetzte es ins Spanische.

Im Protestantismus fand die *Nachfolge Christi* ebenfalls Anklang. Zwar nennen Luther und Calvin sie nirgends, doch verraten zahlreiche Zitate und Anklänge in den frühen Schriften dieser Reformatoren, daß sie die *Imitatio* gelesen haben.

Große Wertschätzung und Verbreitung fand die *Nachfolge Christi* im Pietismus. Johann Arndt, Gottfried Arnold und Gerhard Tersteegen übersetzten sie ins Deutsche. Jakob Spener empfahl sie wärmstens. Peter Poiret übersetzte sie ins Französische und rühmte sie in einem Vorwort zu seiner erfolgreichen Ausgabe.

John Wesley, Student der Literatur und Philosophie in Oxford, wandte sich, nachdem er die *Imitatio Christi* gelesen hatte, dem Studium der Theologie zu und wurde anglikanischer Geistlicher und Begründer des Methodismus. Johann Michael Sailer schrieb eine ungewöhnlich oft aufgelegte Übersetzung. Kardinal Newman zehrte von dem Buch ebenso wie die heilige Therese von Lisieux. Zu den eifrigen Lesern des Thomas von Kempen zählten auch wirkungsmächtige evangelische Geistesmänner wie Johann Hinrich Wichern, Carl Hilty und Friedrich Wilhelm Foerster.

Auch im 20. Jahrhundert bewahrte die *Nachfolge Christi* ihre unversiegbare Lebenskraft. Sie war tägliche Lektüre des Paläontologen Pierre Teilhard de Chardin, der französischen Dichterin Marie Noël, des österreichischen Dichters Felix Braun, des deutschen lutherischen Bischofs Hanns Lilje und des englischen Schriftstellers C. S. Lewis. Selbst dem Christentum fern stehende Autoren, zum Beispiel Aldous Huxley und Ludwig Marcuse, schätzten sie hoch. Papst Johannes XXIII. las täglich darin und konnte ganze Partien auswendig rezitieren. Dieser Oberhirte, der die Öffnung der Kirche zur Welt wollte, wußte, daß der innere Abstand zur Welt, den die *Nachfolge Christi* in Übereinstimmung mit dem Neuen Testament verlangt, unverzichtbar ist.

Eine äußerste Bewährungsprobe erfuhr die *Nachfolge Christi* in den Kerkern der nationalsozialistischen Tyrannei, wie es die Märtyrer Roger Derry, Dietrich Bonhoeffer, Maximilian Kolbe und Edith Stein bezeugten.

Aus Kranz, Gisbert: Thomas von Kempen. Der stille Reformer vom Niederrhein.
Ergänzt und neu herausgegeben von Peter Weinmann.
topos taschenbuch 795, S. 35 bis 38 (gestrafft).

Ora et labora

„Müßiggang ist der Seele Feind", so beginnt Benedikt, der Vater des abendländischen Mönchtums, das Kapitel über „die Ordnung für Handarbeit und Lesung" und führt weiter aus: „Deshalb sollen die Brüder zu bestimmten Zeiten mit Handarbeit, zu bestimmten Stunden mit heiliger Lesung beschäftigt sein" (RB 48,1). Auch an anderen Stellen seiner Regel geht Benedikt auf die Arbeit ein (z.B. RB 57). Ein Großteil seiner Regel nimmt die Ordnung der Gottesdienste in den Blick (RB 8–20).

Das Verhältnis von Arbeit, geistlicher Lektüre und privatem und gemeinschaftlichem Gebet erfährt in verschiedenen Ordensgemeinschaften eine unterschiedliche Gewichtung, da die jeweiligen Aufgabenschwerpunkte natürlich einen differenzierten Tagesablauf verlangen.

Und dennoch ist die Kurzformel der Benediktsregel, *ora et labora* – „bete und arbeite", gleichsam ein Auftrag an alle Menschen des Alten und Neuen Bundes, wenn auch im Gegensatz zu den Ordensleuten für die „Welt"-Menschen die Arbeit in der Regel den größeren Stellenwert einnimmt.

Was hat es mit der Arbeit auf sich? Tatsächlich geht es bei der (Haus-)Arbeit innerhalb von Lebensgemeinschaften zunächst um ganz banale Tätigkeiten wie Kochen und Abspülen, Wäschewaschen und Putzen. – Darüber hinaus vermeidet die Arbeit auch den Müßiggang, die Langeweile. – Vor allem aber ist Arbeit etwas Heiliges; denn sie ist nicht

Selbstzweck: Der Mensch arbeitet nicht um der Arbeit willen, sondern hat von Gott den Auftrag bekommen, seine schöpferische Kraft an die gesamte Schöpfung weiterzugeben (vgl. Gen 1,27f); er nimmt also durch sein Arbeiten teil am Werk des Schöpfers. Dabei zählen die vielen alltäglichen Dinge im Haushalt nicht geringer als die gelehrige Erforschung der Weltzusammenhänge; das Entwerfen und Konstruieren ist genauso wichtig wie das handwerkliche Tun ...

Jedoch hat durch die Jahrhunderte hindurch vor allem die künstlerische Arbeit in den Klöstern einen hohen Stellenwert, und sie hat es bis heute; denn im künstlerischen Tun steckt eine ungeheure Schaffenskraft, die intensiv an die Schöpfungskraft Gottes erinnert. Arbeit im biblischen Sinn kennt keine Minderbewertung derselben, sondern ist tatsächlich Teilnahme am göttlichen Schöpfungsakt. (Eine einzigartige Vorstellung, die im antiken Umfeld der Bibel ohnegleichen ist!) Ausgehend von den alten Mönchsregeln bis in die mittelalterliche Mystik etwa eines Meister Eckhart, ist die Arbeit immer religiöser Lebensvollzug, weshalb auch Benedikt sein Regelkapitel von den „Mönchen als Handwerkern" mit folgendem Satz beschließt: *ut in omnibus glorificetur Deus* – „Damit in allem Gott verherrlicht werde" (RB 57,9).

Die ausdrückliche Verherrlichung Gottes aber geschieht im Gebet. Gebet ist in allen Kulturen und Religionen von Bedeutung gewesen, doch das Beten des altbundlichen Menschen wird von Israels einzigartigem Gottesbild, und damit von seinem Menschenbild, bestimmt. Dieses Gottesbild bestimmt auch das Beten Jesu, der immer wieder zum Gebet ermuntert (z. B. Mt 6,5ff). Besonders vor wichtigen Wendepunkten seines Lebens betet Jesus (vgl. Lk 3,21; 5,16; 22,41–45; 23,46); auch Entscheidungen trifft Jesus im Gebet (z. B. Lk 6,12); er gedenkt seiner Jünger im Gebet (z.B. Lk 22,32). – Immer ist das Gebet Jesu von einem großen Gottvertrauen geprägt, egal ob es sich um ein Lob-, Dank-, Bitt- oder Klagegebet handelt.

In der Nachfolge Jesu versammelte sich die urchristliche Gemeinde zum gemeinschaftlichen Gebet, in dessen Mittelpunkt das Vaterunser und die Psalmen standen, die heute noch die Säulen des kirchlichen Stundengebetes bilden. Ja, das Gebet ist ein Grundvollzug der Kirche, in dem sich inhaltlich der christliche Glaube wie auch formal die innige Beziehung zwischen Beter und Gott ausdrückt.

Christliches Gebet stellt die Teilnahme am Gebet Jesu dar, das im Geist an den Vater gerichtet ist. So verdeutlicht unser Gebet unsere Antwort auf das unbedingte „Ja" des dreifaltigen und dreieinigen Gottes zu seiner Schöpfung – und damit zu uns Menschen. Der Apostel Paulus ermuntert uns, auf die grundlose Liebe des Vaters zweckfrei zu antworten (vgl. Röm 8,26).

Ob allein oder in einer Gemeinschaft, wir beten immer als Glieder des Leibes Christi. Wir sind hineingenommen in das Gebet Jesu und tragen durch unser Gebet die ganze Welt vor Gott, weshalb unser Gebet auch immer stellvertretendes Gebet ist.

Unser Beten lässt sich in verschiedene Kategorien einteilen: Zum einen ist es Anbetung, Lob und Dank, zum anderen ist es Bitte. Darüber hinaus dürfen wir vor unserem Gott auch trauern und klagen – allesamt Elemente, die in den Psalmen vorformuliert sind, wie wir weiter unten noch sehen werden.

Das Gebet ist Ausdruck des Glaubens: Wer betet, der betet in allen möglichen Situationen – bewusst und unbewusst. Damit erlangt der Beter Anteil an Gottes Ewigkeit, die tatsächlich in unsere endliche Wirklichkeit hineinreicht.

„Da das Gebet keinen messbaren Zwecken unmittelbar dient, enthält es inmitten einer von Leistung durchherrschten Gesellschaft eine scharfe gesellschaftskritische Komponente. So ist es ein Protest sowohl gegen eine totale Arbeitswelt wie auch gegen jegliche Form von Machbarkeitswahn."[4]

Ora et labora – „Bete und arbeite!" bedeutet Ausgewogenheit. *Ora et labora* – „Bete *und arbeite!*" sorgt für ein

Gleichgewicht im Alltag. *Ora et labora* – „Bete und arbeite!" lässt zu einem gesunden Rhythmus finden, der dem krank machenden Stress vorbeugt.

In allen Klöstern und Ordensniederlassungen bemühen sich die Schwestern und Brüder um ein harmonisches Verhältnis von Arbeit und Gebet, weil sie auf die Erfahrung ihrer Vorfahren vertrauen, die schon vor vielen Jahrhunderten in diesem rechten Rhythmus gut gelebt haben.

Aus Nonn, Nikolaus: Tage im Kloster.
topos taschenbuch 773, S. 20 bis 23.

♦

Ein Bruder erzählte: „Da sind zwei Brüder, von denen einer sechs Tage hindurch fastet, obwohl es ihm schwer fällt; der andere hingegen pflegt Kranke. Wessen Werk ist gottgefälliger?" Der Greis antwortete: „Wenn sich der Faster zu seinem Fasten noch an der Nase aufhinge, käme er trotzdem noch lange nicht an den heran, der die Kranken pflegt."

Aus Die Wüstenväter: Sag mir ein gutes Wort. Gedanken für jeden Tag.
Ausgewählt und herausgegeben von Bonifaz Miller OSB.
topos taschenbuch 796, 20. April

Sexualität als Quelle der Spiritualität

Nach Platon wird jeder von uns ins Leben „hineingefeuert", ausgestattet mit der verrückten Vorstellung und Erwartung, in seinem Leben die große Liebe zu erfahren, unsterblich zu sein und Gott zu sehen. Diese letztlich unstillbare Sehnsucht lässt uns unheilbar ruhelos bleiben. In dieser Sehnsucht meldet sich ein Streben und Verlangen, ein heiliger Eros, alles zu umarmen und Teil von allem zu werden.

Spiritualität verstanden als spirituelles Leben hat die Aufgabe, uns dabei zu helfen, mit dieser unstillbaren Sehnsucht auf eine positive und konstruktive Weise umzugehen. Sie soll zum einen dafür Sorge tragen, dass dieser heilige Eros, dieses göttliche Feuer, das wir in uns spüren, nicht erlischt, sondern wir es kreativ für unser Leben nutzen. Zum anderen will Spiritualität dazu beitragen, dass wir den heiligen Eros kanalisieren und gestalten, damit der Umgang mit diesem Feuer uns nicht zum Schaden gereicht oder zu einem destruktiven Verhalten führt, das uns wegführt von der ersehnten Vereinigung mit Gott.

Manchmal habe ich den Eindruck, dass wir Angst haben vor diesem Feuer und seinen Flammen, mit dem Ergebnis, dass unsere Sehnsucht nach Gott, die ersehnte Vereinigung mit ihm, die zu dem Wichtigsten und Tiefsten in unserem Leben gehört, sehr schnell an Grenzen kommt, weil uns das Feuer fehlt. In einer chassidischen Erzählung ist von einem Mann die Rede, der Hufschmied werden wollte. Er kaufte sich einen Hammer, einen Ambos und einen Blasebalg. Doch er vermochte das Eisen nicht zu biegen. Es gab nämlich kein Feuer, keine Flammen, keine Hitze in seinem Schmiedeherd. Er hatte alles, mit Ausnahme von dem, was am wichtigsten ist: die Flamme, die Hitze, das Feuer, die das Eisen dehnbar, veränderbar machen.

Für mich ist das ein Bild, das man auch auf unsere Spiritualität übertragen kann. Solange es unserer Spiritualität an Eros als treibender Kraft und Quelle unserer Leidenschaft fehlt, fehlt uns etwas Entscheidendes. Die Trennung von Eros bzw. Sexualität und Religion hat unter anderem dazu geführt, dass uns in unserer spirituellen Praxis, in unserer Beziehung zu Gott, das fehlt, was am notwendigsten ist für eine lebendige Spiritualität, für eine leidenschaftliche Beziehung zu Gott: das Feuer. Dieses Feuer, die Leidenschaft, können wir für unsere Spiritualität zurückgewinnen, wenn wir Eros, Erotik und Sexualität nicht länger als Gegner von Religion und Spiritualität betrachten, sondern als von Gott geschenkte Kräfte, die es gilt, für unser Leben, für unser Lieben und für unsere Beziehung zu Gott fruchtbar zu machen.

Gerade unter Theologen meine ich manchmal eine besondere Scheu zu registrieren, sich wirklich persönlich, also nicht nur über allgemeine Aussagen, mit der eigenen Spiritualität und der eigenen Sexualität auseinanderzusetzen. Für sie gilt, was C. G. Jung sagt: „Wenn es um das innere Erleben geht, um das Allerpersönlichste, dann wird es den meisten Menschen unheimlich, und viele laufen davon ... Ich bin mir natürlich bewusst, dass die Theologen in einer schwierigeren Lage sind als andere. Einerseits sind sie dem Religiösen näher, andererseits aber auch enger gebunden durch die Kirche und das Dogma. Das Risiko des inneren Erlebens, das geistige Abenteuer, ist den meisten Menschen fremd."

Um Gott in der Tiefe *erfahren* zu können, bedarf es mehr als einer intellektuellen Leistung. Es bedarf dazu auch mehr als der Mitgliedschaft in einer Kirche oder eines disziplinierten Gebetslebens, solange es sich dabei lediglich um das Aufsagen von Gebeten handelt und es nicht zu einer Berührung der Seele kommt.

Das Leben mit seinen Höhen und Tiefen, die Erfahrung von Angst, das Ertragen von Leid und Schmerz können dazu beitragen, Gott innig und tief erfahren zu können. Aber auch Erfahrungen, die wir in Begegnungen machen, die aus erotischer und sexueller Leidenschaft erwachsen, können eine Spiritualität fördern, die uns in unsere Tiefe führt. Der Religionshistoriker Mircea Eliade stellt fest: „Immer und überall – außer in der modernen Welt! – war die Sexualität eine Erscheinung des Heiligen und war der Geschlechtsakt ein allumfassender Akt – also auch ein Hilfsmittel im Dienste der Erkenntnis." Die Sexualität kann also zur Quelle einer lebendigen Spiritualität werden.

Das setzt voraus, dass wir Eros und Sexualität nicht als Widersacher unserer Spiritualität betrachten, sondern als

Freunde. Wer Eros und Sexualität auf der einen Seite und spirituelles Leben und Spiritualität auf der anderen Seite zu unversöhnlichen

Feinden macht, zerreißt das menschliche Herz.

Ich will ich Mut machen, sich auf das geistige Abenteuer einzulassen, dem Eros und unserer Sexualität in unserer persönlichen und auch kirchlichen Frömmigkeit mehr Erfahrungsspielraum zu lassen, um dadurch unseren Glauben zu bereichern, und die spirituelle Dimension in unsere Sexualität hineinwirken zu lassen, um so unsere Einstellung zu unserer Sexualität und unsere sexuelle Praxis durch unsere Spiritualität zu bereichern.

Ich will weiter dazu beitragen, ein Gespür dafür zu entwickeln, welch eine Gnade es sein kann, wenn wir unsere Sexualität spüren. Welch ein einzigartiges, wunderschönes Geschenk unsere Sexualität ist, für das wir unserem Schöpfer gegenüber dankbar sein dürfen. Er zeigt uns damit sein Wohlwollen, bereitet uns Freude, ermöglicht uns Fruchtbarkeit, Lust, Wonne, Sinnlichkeit, tieferes Erkennen und Ekstase.

Aus Müller, Wunibald: Vom Kusse seines Mundes trunken.
Sexualität als Quelle der Spiritualität.
topos taschenbuch 802, S. 7 bis 12 (gestrafft).

♦

Makarios, der große Eremit, sagte: „Jungfräulichkeit allein ist nichts, auch nicht Ehe, Mönchsein oder Leben als Laie in der Welt: vielmehr gibt Gott einem jeden den heiligen Geist nach seinem Vorsatz."

Aus Die Wüstenväter: Sag mir ein gutes Wort. Gedanken für jeden Tag.
Ausgewählt und herausgegeben von Bonifaz Miller OSB.
topos taschenbuch 796, 13. April

Das Konzil hat uns in eine Zukunft getragen. Wird es weiter tragfähig sein?

Dem Konzil begegnen

Die Menschen, die das Zweite Vatikanische Konzil vor 50 Jahren mit wacher Aufmerksamkeit erlebt haben, sterben allmählich aus. Die Interessen vieler ernsthafter Jugendlicher gelten zwar Fragen des religiösen Lebens im Allgemeinen, aber meist ohne sich der Kirche, ihrer Geschichte und ihren Institutionen zuzuwenden. Engagierte Katholiken, die in Wort und Schrift kirchliche Reformen anmahnen, berufen sich manchmal zu Unrecht auf das Konzil. Wieder andere machen das Konzil für alle möglichen Fehlentwicklungen verantwortlich. Es gibt kirchliche Amtsträger, die Kritik und Widerspruch nicht ertragen können; sie haben totalitäre Ideale von „Einheit" und „Gehorsam". Andere Amtsinhaber erwecken leichtfertig Illusionen, wenn sie von „Dialog" und „Aufbruch" sprechen.

In einer unübersichtlichen Situation der Standpunkte und Meinungen in der Kirche ist ein Rückgriff auf das, was das Konzil eigentlich wollte und sagte, kein Allheilmittel, aber er hilft gegen manche Enttäuschungen. Das Konzil war ein Vorbild für das freie Wort in der Kirche, und zwar auf der Basis gegenseitigen Vertrauens im Wissen, dass dieses nicht missbraucht wird. Es war aber auch ein Vorbild für gemeinsames Vertrauen in den Heiligen Geist Gottes, der vom Konzil ständig in gottesdienstlichen Versammlungen angerufen wurde. Reden und Verhalten der Konzilsteilnehmer waren so vor Gott zu verantworten. Die unterschiedlichen Meinungen konnten und durften dadurch nicht aufgehoben und eingeebnet werden.

Die Texte des Konzils, so wie sie heute vorliegen, sind Ergebnisse harter, aber fairer Auseinandersetzungen. Man merkt ihnen an, wie sehr sich alle Seiten um Zustimmung bemüht haben. Manches Mal sind sie Ergebnisse kaum erträglicher Kompromisse. Vor allem aber tragen sie die Signatur einer kirchlichen Sprache, die nach 50 Jahren kaum mehr verständlich ist.

Wenige Wochen nach der Ankündigung des Konzils am 25. Januar 1959 habe ich meinen Freund und Lehrer Karl Rahner mit meinen Zweifeln hinsichtlich des Vorhabens konfrontiert. Am 17. Februar 1959 antwortete er mir: „Dass man bisher in Rom der Meinung in vielen Kreisen war, ein Konzil sei heute nicht mehr möglich, wundert mich nicht. Ich war eigentlich selber so halb dieser Ansicht. Rein aus parlamentstechnischen Gründen. Wenn aber diese Schwierigkeiten doch überwindbar sind und wirklich überwunden werden, dann könnte ein neues Konzil schon eine hervorragende Dynamik gegen einen einseitigen Zentralismus in der Kirche der letzten Jahrzehnte auslösen und darstellen, vorausgesetzt, dass wir genügend Bischöfe haben, die eine eigene Meinung haben. Also hoffen wir, dass aus dem Konzil etwas wird."

Ein „Konzilsvater", der mir ebenfalls ein guter Freund war, Kardinal Franz König in Wien, wagte am Vorabend der Konzilseröffnung im Radio die Vorhersage: „Das Konzil wird kein Konzil der Kopfnicker sein." Es war in der Tat keine Akklamationsversammlung untergebener Menschen, und es war der gelebte Beweis dafür, dass es damals genügend Bischöfe gab, die gegenüber dem Papst und seinen Kurialen eine eigene Meinung hatten. Die Hoffnung darauf wurde nicht enttäuscht.

Herbert Vorgrimler aus Leitgöb, Martin: Dem Konzil begegnen. Prägende Persönlichkeiten des II. Vatikanischen Konzils. topos taschenbuch 815, S. 7 bis 9 (berarbeitet).

„Un pontificato di passagio" ...

... „ein Pontifikat des Übergangs" – so urteilten Kirchenleute und Beobachter, als am 28. Oktober 1958 der knapp 77 Jahre alte Patriarch von Venedig zum Nachfolger von Papst Pius XII. gewählt wurde. Die Erwartung, es werde unter dem neuen Papst zu weitreichenden Impulsen für den Weg der Kirche in die Zukunft kommen, war eher gering. Auffällig waren freilich von Anfang an die Menschlichkeit, die Unkompliziertheit, die Herzlichkeit und der Humor von Johannes XXIII. Der Charakter des neuen Papstes war ganz anders als die vergeistigt-aristokratische Art seines Vorgängers. Er wollte seine einfache Herkunft aus dem bäuerlichen Milieu Norditaliens nicht verleugnen – und konnte es auch nicht, denn sie war ihm förmlich ins Gesicht und auf den Leib geschrieben. Der neue Papst hatte etwas vom Typus eines italienischen Landpfarrers, nicht zuletzt wegen seiner fast naiven, jedenfalls durch und durch konventionellen Frömmigkeit. Auch das war ein Grund, warum man keine grundlegenden Neuorientierungen von ihm erwartete.

Dennoch sollte Johannes XXIII. zur entscheidenden Pioniergestalt eines der größten Aufbrüche in der Geschichte der katholischen Kirche werden. Seine Pionierleistung begann, als er am 25. Januar 1959 in der römischen Benediktinerabtei Sankt Paul vor den Mauern einer Gruppe von siebzehn Kardinälen Folgendes sagte: „Gewiss ein wenig vor Bewegung zitternd, aber zugleich mit demütiger Entschlossenheit des Vorsatzes, spreche ich vor Euch die Bezeichnung und den Vorschlag der doppelten feierlichen Veranstaltung aus: einer Diözesansynode für Rom und eines allgemeinen [wörtlich: ökumenischen] Konzils für die Weltkirche."

Die Ankündigung des Papstes wurde von den Kardinälen mit Schweigen quittiert. Zwar war bereits in den vorangegangenen Jahrzehnten die Möglichkeit eines Konzils erwogen worden, doch hatte man diesbezügliche Pläne immer wieder zur Seite gelegt. Allein schon aus organisatorischen Gründen erschien eine solche Kirchenversammlung als unmöglich.

Johannes XXIII. betrachtete seine Konzilsidee im Rückblick stets als eine spontane Eingebung des Heiligen Geistes. Sie sei ihm in einem Gespräch mit seinem Kardinalstaatssekretär Domenico Tardini fünf Tage vor der Ansprache in Sankt Paul vor den Mauern gekommen. Mit dieser Darstellung komprimierte der Papst allerdings einen längeren Prozess des Nachdenkens und Erwägens auf einen einzigen Augenblick. In Wahrheit hatte ihn der Gedanke an ein Konzil bereits längere Zeit beschäftigt, und er hatte darüber auch mit verschiedensten Leuten gesprochen, wahrscheinlich sogar schon im Konklave. Es scheint deshalb eher so gewesen zu sein, dass die diesbezüglichen Überlegungen in jenem Gespräch mit dem Kardinalstaatssekretär als festes Vorhaben erstmals deutlich ausgesprochen wurden.

In der Weltöffentlichkeit hatte die Ankündigung von Johannes XXIII. für große Aufmerksamkeit gesorgt, anfangs vor allem deshalb, weil die kaum mehr geläufige Bezeichnung „Ökumenisches Konzil" die Frage aufwarf, ob es sich um eine Versammlung zur Wiedervereinigung der getrennten Kirchen handeln würde. Doch war dies weder die Absicht des Papstes, noch war die Zeit dafür reif. „Ökumenisches Konzil" bedeutete im Rückgriff auf die alte kirchliche Tradition, dass das Konzil eine Versammlung der gesamten katholischen Kirche sein sollte. Allerdings lag dem Papst der Dialog mit den anderen Kirchen am Herzen. Er wollte, dass das Konzil einen Beitrag leiste, den Weg in Richtung Einheit zu bahnen. Zu gut wusste er, dass das gemeinsame Zeugnis aller Christen mehr Wirkungskraft in der Welt hatte als das Zeugnis der katholischen Kirche allein.

Emblematische Bedeutung erlangte in der Zeit nach der Konzilsankündigung und in all den weiteren Jahren der

Begriff „aggiornamento" („Verheutigung"), den Johannes XXIII. in verschiedensten Kontexten zur Beschreibung seines Verständnisses von der Kirchenversammlung benützte. Der Begriff entstammte der italienischen Kaufmannssprache. Er bedeutete dort das Aktualisieren von Rechnungsbüchern. Auf die Kirche übertragen war damit gemeint, dass diese auf die Höhe der Gegenwart kommen müsse. Ihr Wesen und ihre Gestalt, ihr Zeugnis und ihr Auftrag sollten im Hinblick auf eine veränderte Welt neu bedacht werden. Damit war nicht eine oberflächliche Modernisierung gemeint, sondern eine tiefe Erneuerung aus dem Geist des Evangeliums.

Außer allgemeinen Orientierungen hatte Johannes XXIII. in den Monaten nach der Konzilsankündigung kaum konkrete Hinweise über das Programm der geplanten Kirchenversammlung gegeben. Er wollte dieses in einer längeren Vorbereitungszeit und unter Einbindung möglichst vieler kirchlicher Persönlichkeiten und Institutionen erarbeiten lassen, wobei er der römischen Kurie die entscheidenden Fäden in die Hand gab. Den ersten konkreten Schritt setzte er zu Pfingsten 1959, indem er eine Vor-Vorbereitungskommission unter Leitung von Kardinal Tardini bildete. Von dieser Kommission wurden die Bischöfe, die höheren Ordensoberen sowie die katholischen Universitäten und Fakultäten auf der ganzen Welt gebeten, Anregungen über mögliche Beratungsgegenstände einzusenden. 2150 Antworten (so genannte „Voten") gingen daraufhin ein.

Mit Pfingsten 1960 begannen die näheren Vorbereitungsarbeiten. Johannes XXIII. setzte insgesamt zehn Vorbereitungskommissionen ein, welche die Aufgabe hatten, Entwürfe und Vorlagen (so genannte „Schemata") für die späteren Konzilsdebatten zu erstellen. Zusammen mit diesen zehn Kommissionen gründete der Papst das „Sekretariat zur Förderung der Einheit der Christen" (kurz: Einheitssekretariat) unter der Leitung von Kardinal Augustin Bea. Dieses konnte ebenfalls Schemata entwerfen und sollte die ökumenischen Kontakte der katholischen Kirche koordinieren. Bereits 1959 war nämlich bekannt geworden, dass auf päpstlichen Wunsch am Konzil auch Beobachter anderer Kirchen und Konfessionen teilnehmen sollten.

Am 16. Juni 1960 berief der Papst schließlich noch eine Zentralkommission, welche die Koordinierung zwischen den einzelnen Vorbereitungskommissionen übernehmen und deren Ergebnisse prüfen sollte. In ihr waren auch viele auswärtige Kardinäle und Vorsitzende von Bischofskonferenzen vertreten.

Die tragende Rolle spielten aber doch die einzelnen Vorbereitungskommissionen. Diesen Kommissionen gehörten zwar auch Bischöfe und Experten von außen an, doch lag die konkrete Arbeit an den Schemata stark bei den betreffenden Behörden. Die insgesamt siebzig auf diese Weise entstandenen Textentwürfe waren in der Regel von einer zwar soliden, aber veralteten Theologie geprägt. Sie waren gegenüber den Erfordernissen der Zeit defensiv, ließen oftmals jeden spirituellen Tiefgang vermissen und glichen nicht selten einer Zusammenstellung früherer kirchlicher Lehräußerungen.

Johannes XXIII. selbst unternahm kaum Versuche, diese Tendenz zu korrigieren. Welche Motive ihn zu dieser merkwürdigen Passivität veranlassten, ist rätselhaft. Das Bild von einem charismatischen Papst, der dem Beamtenapparat seiner Kurie ohnmächtig gegenüber stand, wird der Situation nicht gerecht. Im Gegenteil: Johannes XXIII. war mit den Vorbereitungsarbeiten durchaus zufrieden und verfolgte sie genau. Vielmehr scheint es so zu sein, dass er zwar eine starke Vision vom Konzil hatte, ihm aber erst allmählich bewusst wurde, welche konkreten Konsequenzen diese Vision nach sich zog.

Zu Weihnachten 1961 hatte der Papst angekündigt, dass das II. Vatikanum im darauffolgenden Jahr beginnen solle. Am 2. Februar 1962 legte er dann den genauen Eröffnungstermin für den 11. Oktober fest. Bis dahin musste noch eine Geschäftsordnung erlassen werden. Dies geschah am 6. August 1962. Danach stimmte Johannes XXIII. sowohl sich selbst als auch die kirchliche Öffentlichkeit auf das Konzil ein. Am 11. September 1962 hielt er eine Radioansprache. Darin sprach er von seinen hoffnungsfrohen Erwartungen und betonte unter anderem die von Christus herrührende Lebenskraft für die Kirche und für ihre Sendung in der Welt. Vom 10. bis zum 15. September bereitete er sich persönlich durch Exerzitien auf das Ereignis vor. Am 4. Oktober unternahm er schließlich mit der Eisenbahn eine Wallfahrt nach Loreto und Assisi, um für das gute Gelingen der Kirchenversammlung zu beten.

Als das Konzil am 11. Oktober 1962 nach langer Vorbereitung tatsächlich eröffnet wurde, verfolgte alle Welt über Fernsehen und Radio das mehrstündige Ereignis. Dass Johannes XXIII. bei der Zeremonie nicht die päpstliche Tiara sondern eine Bischofsmitra trug, wurde allgemein als Zeichen interpretiert, dass er seine päpstliche Autorität gegenüber dem Konzil nicht überstrapazieren wollte. Auch den tragbaren Thron benützte der Papst nur aus praktischen Gründen auf dem Weg über den Petersplatz, um von den vielen Menschen gesehen zu werden. Vor dem Portal des Petersdomes stieg er vom hohen Stuhl herab und bewältigte den langen Weg durch den Petersdom zu Fuß, wie alle anderen Konzilsväter auch.

Aufsehenerregend war an jenem Tag aber vor allem die Eröffnungsansprache des Papstes, die mit den Worten begann: „Gaudet Mater Ecclesia – Die Mutter Kirche freut sich". Johannes XXIII. hatte diese Ansprache vom Anfang bis zum Ende selbst verfasst und gründlich an ihr gefeilt, weil er eine wirkliche Wegweisung geben wollte. Nach Giuseppe Alberigo, dem großen Erforscher des II. Vatikanums, war es „der wichtigste Akt des ganzen Johannespontifikats".

Aufhorchen ließ zunächst jene Passage der Ansprache, in welcher der Papst eine allzu pessimistische Bewertung der Gegenwart zurückwies: „In der täglichen Ausübung Unseres apostolischen Hirtenamtes geschieht es oft, dass bisweilen Stimmen solcher Personen Unser Ohr betrüben, die zwar von religiösem Eifer brennen, aber nicht genügend Sinn für die rechte Beurteilung der Dinge, noch klares Urteil walten lassen. Sie meinen nämlich, in den heutigen Verhältnissen der menschlichen Gesellschaft nur Untergang und Unheil zu erkennen. Sie reden unablässig davon, dass unsere Zeit im Vergleich zur Vergangenheit dauernd zum Schlechteren abgeglitten sei." Der Papst wandte dagegen ein: „Wir aber sind völlig anderer Meinung als diese Unglückspropheten, die immer das Unheil voraussehen, als ob die Welt vor dem Untergang stünde. In der gegenwärtigen Entwicklung der menschlichen Ereignisse, durch welche die Menschheit in eine neue Ordnung einzutreten scheint, muss man viel eher einen verborgenen Plan der göttlichen Vorsehung anerkennen."

In den konkreten Konzilsverlauf griff Johannes XXIII. nur wenig ein. Er kam auch nicht persönlich zu den Generalversammlungen, war aber über die dortigen Vorgänge gut informiert, weil er das Geschehen über einen Fernsehbildschirm in seinem Arbeitszimmer verfolgte. Nur die erste größere Krise des Konzils wurde durch einen direkten Eingriff des Papstes überwunden. Diese war im Zusammenhang mit dem Schema über die Offenbarung („De fontibus revelationis") entstanden, in welchem es um das Verhältnis von Heiliger Schrift und kirchlicher Tradition ging. Die Mehrheit der Konzilsväter lehnte das Schema ab.

Aufgrund eines problematischen Abstimmungsmodus kam es aber nicht zur nötigen Zweidrittelmehrheit, um die Vorlage zur Neuausarbeitung an die entsprechende Kommission zurückzuverweisen. Der Papst löste diese schwierige Situation am 21. November 1962 durch die Anordnung, dass das umstrittene Schema gründlich umzugestalten sei. Dazu setzte er eine gemischte Kommission ein, welche unter der Leitung der Kardinäle Ottaviani und Bea stand, die zwei entgegengesetzte theologische Richtungen vertraten. Nach drei Jahren sollte aus der Arbeit dieser Kommission die Offenbarungskonstitution „Dei Verbum" hervorgehen.

Insgesamt verliefen die Arbeiten des Konzils weniger schnell, als es sich Johannes XXIII. und viele Konzilsväter vorgestellt hatten. Dies lag nicht zuletzt an Organisationsmängeln und an der Fülle des zu behandelnden Materials. Als Antwort auf die Erfahrungen aus der ersten Sitzungsperiode, die mit dem 8. Dezember 1962 endete, berief Johannes XXIII. eine aus sieben Kardinälen bestehende Koordinierungskommission unter der Leitung von Kardinal Amleto Giovanni Cicognani. Sie hatte den Auftrag, die Zahl der zu behandelnden Schemata bis zur folgenden Sitzungsperiode drastisch zu verringern.

Für Johannes XXIII. war in der Zwischenzeit allerdings klar geworden, dass er das Konzil nicht zu Ende führen könne. Er litt an einer unheilbaren Krebserkrankung und hatte von seinen Ärzten die Mitteilung erhalten, dass ihm nur noch wenige Monate blieben. Mit großem Vertrauen trug er bis zu seinem Heimgang am Pfingstmontag 1963 das Anliegen der Erneuerung der Kirche in seinem Herzen und setzte sich für eine innovative Fortführung des Konzils ein. Sein Tod wurde in Rom und auf dem ganzen Erdkreis betrauert wie nie der Tod eines Papstes zuvor.

Aus Leitgöb, Martin: Dem Konzil begegnen. Prägende Persönlichkeiten des II. Vatikanischen Konzils. Mit einem Vorwort von Herbert Vorgrimler.
topos taschenbuch 815, S. 13 bis 22 (gekürzt).

Vom Geist des Konzils

Seit dem Abschluss des II. Vatikanums, ja bereits schon vorher, wird immer wieder vom „Geist des Konzils" gesprochen. Dahinter steht in der Regel die Vorstellung, dass auf dieser Kirchenversammlung eine Grundstimmung wirksam war, welche sich von früheren kirchlichen Handlungsorientierungen und theologischen Denkmustern ablöste, und dass durch diese Grundstimmung das „aggiornamento" der Kirche, also deren Verheutigung, stark vorangetrieben worden sei. Das ganze Konzilsereignis und erst recht die Konzilsdokumente seien aus diesem Geist heraus auszulegen und zu interpretieren.

Freilich ist in manchen Teilen der katholischen Kirche die Rede vom „Geist des Konzils" auch verpönt. Manche Leute sehen darin einen allzu oberflächlichen Umgang mit dem II. Vatikanum. Sie pochen darauf, dass nur die Konzilsdokumente in ihrem Wortlaut Geltung haben und dass es unrechtmäßig sei, aus ihnen ausschließlich eine Fortschrittsrichtung herauszulesen. Die Vertreter dieser Position beklagen häufig auch, dass die Umsetzung des Konzils in den letzten Jahrzehnten allzu einseitig geschehen sei und dass es einer Neuauslegung dessen bedürfe, was das II. Vatikanum erbracht habe. Diese Neuauslegung solle weniger, so wird gefordert, das damals Neue und Vorwärtsweisende in den Blick nehmen, sondern müsse vor allem die Elemente der Kontinuität und Bewahrung in den Konzilsdokumenten unterstreichen.

Vergegenwärtigt man sich das Geschehen des II. Vatikanums und dessen einflussreichste Persönlichkeiten, wird man dieser zuletzt skizzierten Position wohl nicht vorbehaltlos zustimmen können. Gewiss gab es auf dem Konzil auch Kräfte, welche versuchten, dem Verheutigungsstreben und der Fortschrittsrichtung gegenzusteuern. Doch waren sie in der Minderheit und konnten sich mit ihren Ansprüchen letztlich nicht durchsetzen. Auf der anderen Seite darf

Das Programm von Topos plus
bietet Ihnen:

aktuelle Themen
religiöse Sachbücher
Lebenshilfe
Spiritualität
Biographien

Mitglieder der Verlagsgemeinschaft
Topos plus:

Butzon & Bercker, Kevelaer
Don Bosco Verlag, München
Echter Verlag, Würzburg
Verlag Katholisches Bibelwerk, Stuttgart
Lahn-Verlag, Limburg-Kevelaer
Matthias-Grünewald-Verlag, Ostfildern
Paulusverlag, Freiburg (CH)
Verlag Friedrich Pustet, Regensburg
Verlagsanstalt Tyrolia, Innsbruck-Wien

Diese Karte entnahm ich dem Buch:

Zum Lesen bzw. zum Kauf wurde ich angeregt
durch:

☐ Prospekt
☐ Anzeige
☐ Buchbesprechung
☐ Schaufenster
☐ Empfehlung im Buchhandel
☐ Empfehlung von Bekannten
☐ Geschenk

(Zutreffendes bitte ankreuzen)

Meine Meinung zu diesem Buch:

Verlagsgemeinschaft Topos plus

Topos plus

Ja, senden Sie mir regelmäßig Informationen über das Programm von Topos plus zu:

Name, Vorname

Straße

PLZ / Wohnort

Antwort

Verlagsgemeinschaft
Topos plus
Hoogeweg 71
D-47623 Kevelaer

die Rede vom „Geist des Konzils" aber auch nicht ausschließlich so verstanden werden, als ob die Kategorien der Kontinuität und der Bewahrung auf dem Konzil überhaupt keine Rolle gespielt hätten.

Die Dokumente, welche auf dem II. Vatikanum verabschiedet wurden, basieren nicht einfach auf einem Traditionsbruch. In einem Bild formuliert: Man hat das Haus der Kirche auf dem Konzil nicht abgerissen und an einer anderen Stelle ganz neu aufgebaut. Aber es ging darum, eine grundlegende Renovierung (Reform) vorzunehmen, welche auch beinhaltete, dass manche Zugänge und Fenster an diesem Haus freigelegt und andere ganz neu geschaffen wurden. Und wenn dieses Bild vom „Haus" Berechtigung hat, dann mag das Konzil auch an das berühmte Wort vom „Hausherrn" aus dem Matthäusevangelium erinnern, „der aus seinem reichen Vorrat Neues und Altes hervorholt", nachdem er „Jünger des Himmelreichs" geworden ist (Mt 13,52).

Wer vom „Geist des Konzils" spricht, darf also Neues und Altes, Fortschritt und Tradition, Reform und Kontinuität nicht einfach gegeneinander ausspielen. Gewiss standen die Pole dieser Kategorienpaare in den Konzilsdebatten häufig in Widerspruch zueinander, und sie wurden von einzelnen Persönlichkeiten markant repräsentiert. Doch ist es bezeichnend, dass die Konzilsdokumente jeweils mit überwältigender Stimmenmehrheit verabschiedet wurden. Kein einziges war am Ende so umstritten, dass man um sein Durchkommen hätte bangen müssen. Von daher ist zu sehen, dass zum „Geist des Konzils" auch etwas gehört, was man gewöhnlich eher selten diesem Begriff zuordnet, nämlich das Streben nach einem größtmöglichen Konsens, der mehr ist als ein bloßer Kompromiss zwischen einander widerstreitenden Meinungen.

Bei den Schlussabstimmungen betrug die Mehrheit bei keinem Dokument weniger als 96 Prozent, meist lag sie sogar über 99 Prozent. Es herrschte also ein intensives

Bemühen um Einigkeit, das wiederum zur Basis hatte, dass während der Entstehung der Dokumente die vielfältigen Positionen ausreichend dargelegt werden konnten.

Gerade aus jenen Debatten, die auf dem Konzil in höchstem Maße kontrovers geführt worden waren, gingen weitreichende und für die Zukunft außerordentlich bedeutsame Ergebnisse hervor. Dies gilt für das erneuerte Offenbarungs- und Kirchenverständnis, für die Liturgiereform, für die Ökumene, für die Religionsfreiheit, für das Verhältnis zum Judentum und schließlich für die Beziehung zwischen der Kirche und der modernen Welt. Man geht wohl nicht fehl, in diesen Bereichen das Haupterbe des II. Vatikanums zu sehen. Die entsprechenden Ergebnisse müssen zu den wichtigsten Bezugspunkten gehören, um die Rede vom „Geist des Konzils" nicht einfach flach und belanglos werden zu lassen, sondern ihr Gehalt und Profil zu verleihen.

Umgekehrt kann der beachtliche Neuheitswert dieser Ergebnisse aber auch nicht von denjenigen in Frage gestellt werden, die sich für eine stärkere Betonung der Kontinuität und Tradition in der Auslegung des Konzils einsetzen. In all den genannten Bereichen war es im Laufe des Konzils zu Fortschritten gekommen, welche am Anfang der Kirchenversammlung höchstens in kühnen Hoffnungen zu erahnen waren.

Beachtlich ist, dass es auf dem II. Vatikanum nicht wenige Handlungs- und Entscheidungsträger gab, welche diese kühnen Hoffnungen in sich trugen und sich auch nicht durch Bremsversuche oder Widerstände entmutigen ließen. So konnte aus dem Konzil mehr als eine Versammlung zur bloßen Verabschiedung bereits vorbereiteter Schemata werden. Zu diesen Handlungs- und Entscheidungsträgern gehörte die Mehrzahl der in diesem Buch behandelten Bischöfe, und es wären noch viele weitere Bischöfe hinzuzufügen. Sie versuchten übrigens nicht nur, das Konzil mit wichtigen Inhalten und Themen zu bereichern, sondern verliehen durch ihr beherztes Wirken auch dem bischöflichen Amt in seiner kollegialen Gestalt und seiner universalkirchlichen Verantwortung ein bisher nicht gekanntes Profil, welches ebenfalls unzweifelhaft zum Erbe des II. Vatikanums gehört.

Neben dem Wirken der Bischöfe war aber auch der Einsatz der Theologen von besonderer Bedeutung, weil diese das auf dem Konzil zur Geltung gebrachte Erneuerungsstreben denkerisch vorbereiteten, vertieften und vielfach in konkrete Formulierungen brachten. Schließlich leisteten die ökumenischen Beobachter und die Journalisten ihren Beitrag, indem sie das Konzilsgeschehen mit großer Aufmerksamkeit begleiteten und reflektierten sowie den Handlungs- und Entscheidungsträgern die nötige Außensicht vermittelten. Nur im Zusammenwirken all dieser Gruppen und im guten Willen eines jedes Einzelnen gelangen die Erneuerung des christlichen Glaubens und die Reform der katholischen Kirche auf dem II. Vatikanum.

Aus Leitgöb, Martin: Dem Konzil begegnen. Prägende Persönlichkeiten des II. Vatikanischen Konzils. Mit einem Vorwort von Herbert Vorgrimler.
topos taschenbuch 815, S. 180 bis 183.

Römischer Abschied

Der Abschied von Rom ist schmerzlich und ein Aufreißen der Seele. Er stellt einem alles Ungenügen des irdischen Zustandes vor Augen. Wer scheidet, nach einem Aufenthalt von Tagen oder von Jahren, der scheidet mit dem Bewußtsein, kaum erst begonnen zu haben. Und niemand weiß, ob er der Wiederkehr gewiß sein kann.

Es ist alter Gebrauch, vor dem Aufbruch aus der Fontana Trevi zu trinken und ein Geldstück in ihr Wasser zu werfen; wer das tut, heißt es, dem sei die Rückkehr verbürgt. Der Trunk steht einem jeden frei. Wer im Zeitalter der schmierigen, oft schon in trockenem Zustande sich auflösenden Geldscheine am Einwurf festhalten will, dem sei ein Gettone empfohlen, eines jener spielmarkenähnlichen Scheibchen, die für den Telephonautomaten bestimmt sind.

Wem nur eine kurze römische Zeit gewährt war, der mag sich trösten. Denn gemessen an der Unausschöpfbarkeit dessen, was diese Stadt in Bereitschaft hält, sind auch zwanzig, und auch vierzig Jahre römischen Lebens bloß ein Anfang. Und nur wer die Fähigkeit hätte, ein Jahrhundert oder deren zwei mit unabnützbarer Sinnenfrische in Rom zu leben, nur der dürfte vielleicht sich rühmen, die Brunnenschale leergetrunken zu haben. Uns anderen ist der Trank fingerhutweise zugemessen, – was ist da an der Zahl der Fingerhüte gelegen? Es ist ja nicht die Aufgabe, in Rom Kenntnisse zu erwerben. Kenntnisse vergessen sich und bleiben ein Bruchstück. Du warst hergekommen, um eine Erweiterung deiner Seele zu erfahren, die dir nie wieder verlorengehen kann.

Vielleicht liegt auch eine Gnade darin, daß dem, der nur ein flüchtiger Gast sein durfte, das Bild Roms in aller Strahlenkraft des Anfangs erhalten bleibt. Er muß nicht die Erfahrung machen, daß es auch in Rom zugeht wie anderwärts mit Verdrießlichkeiten, Zahnschmerzen, Ämtern und unauffindbaren Kragenknöpfchen und daß der Mensch nicht gemacht ist, in einem erhöhten Seelenzustande auszudauern wie der ohne Füße und darum ohne Erdberührung erschaffene Paradiesvogel des Märchens. Ihm bleibt eine ewigwährende Sehnsucht zurück, die mehr ist als alle Erfüllung, ein Heimweh nach Rom als Abbild jenes höheren Heimkehrverlangens, das in die Brust des Menschen gelegt wurde.

Wer einmal, und sei es für eine noch so sparsam bemessene Zeit, in Rom war, der hat in Jahrhunderten und in Jahrtausenden gelebt. Er hat eine Erhabenheit der Anschauung gewonnen, die ihm seine alltäglichen Kleinlichkeiten und Kümmernisse in ihrer Nichtigkeit dartut. Sein Auge war unausgesetzt mit bedeutenden oder doch mit anmutenden

Gegenständen beschäftigt; es war nicht anders möglich, als daß auch sein Sinn sich zu ihnen erhöhte. Erlebnisse und Begegnungen, es sei nun mit Menschen, Schicksalsfügungen, Kunstwerken, Gedankengängen, Landschaften oder Örtlichkeiten, bemessen wir danach, wie weit ihnen eine verwandelnde Kraft innewohnt. Du kamst in die Stadt der höchsten Universalität, die wie in alle Zeiten so auch bis an die Enden der Erde ausstrahlt. Du erfuhrst ihre geheimnisvolle Fähigkeit, sich alles Neue anzuverwandeln, von den Obelisken Ägyptens an, und es mit dem Alten, dem Urältesten in ein lebendiges Gebilde zu verschmelzen. Dich überkam das große Gefühl des Bleibenden, des natürlichruhigen Fortbestandes, der auch durch noch so vulkanische Vorgänge nur beeinträchtigt, nicht aber aufgehoben werden kann, ja, wenn der Ausdruck gestattet ist, der zeitlichen Ewigkeit. Solange du in Rom warst, schienen die Grenzen menschlicher Endlichkeit dir geweitet. Alle Geschicke der Welt wie in einem Auszuge an einem einzigen Orte überblickend, meintest du, zum mindesten zaungastweise, mit im Rate der Götter zu sitzen. Und wie die Alten vom Zeus von Otricoli sagten, wer einmal sein Angesicht gesehen habe, der könne in seinem Leben nie wieder ganz unglücklich werden, so möchte ich meinen, wem ein römischer Aufenthalt beschieden war, dem müßte es unmöglich sein, ganz so weiterzuleben, als sei nichts geschehen, und in einer hergebrachten Gesinnung seine Geschäfte zu fördern.

Deutlicher als an jedem anderen Ort spürst du in Rom, daß etwas vom Pilger in uns allen steckt. Möchtest du auch spüren, daß jedem Pilger die Heimkehr verheißen ist.

Aus Bergengruen, Werner: Römisches Erinnerungsbuch. Ein Porträt der Ewigen Stadt.
topos taschenbuch 800, S. 143 bis 145.

Plädoyer für eine pilgernde, hörende und dienende Kirche

Dem Leben der Kirche sollen wir ein neues Gesicht geben. Stagnation wäre Verrat. Nicht wir dürfen auf die Welt warten, als müsse diese zu uns kommen, vielmehr müssen wir zur Welt gehen: zum Menschen von heute. Das Zweite Vatikanische Konzil spricht wiederholt vom „pilgernden Volk Gottes". Steter Aufbruch und stete Erneuerung sind Grundbedingungen lebendigen Glaubens.

Ab 2010 ist das Vertrauen vieler Menschen in die Kirche erschüttert worden. Nicht weil sie gleichgültig sind, sondern weil sie enttäuscht waren. Die Menschen wollen uns vertrauen können. Eines ist klar: Es gibt für uns keinen anderen Weg als den der Offenheit, der Ehrlichkeit und des Zuhörens.

Ich sage das mit großem Nachdruck, um mich gegen die These abzugrenzen, in erster Linie seien wir Opfer von Kräften, die uns feindlich gesonnen sind. Eine Krise – und um die handelt es sich ohne Zweifel – ist eben auch eine Zeit der Klärung, die viel zukunftsweisendes Potenzial haben kann. Man verabschiedet sich von Illusionen und falschen Einschätzungen. Sie ist ein Impuls des Heiligen Geistes, eine privilegierte Periode der Scheidung der Geister.

Dialog lebt zunächst vom Hören, vom Zuhören, vom Aufeinander-Hören und aufmerksamen Wahrnehmen des anderen und seiner Meinung. Damit der Dialog gelingt, braucht es ein hörbereites Ohr, ein sensibles Herz und ein waches Gespür für die Zeichen der Zeit und die Fragen der Menschen. Wir Bischöfe können mit gutem Beispiel vorangehen. Eine klare Option für die Menschen ist eine klare Option dafür, ihnen Gehör zu schenken. Wir hören dann von ihnen, dass sie ihr Heil suchen. Wie sie auf ihre Grenzen stoßen – die körperlichen, seelischen und moralischen. Wir hören, wie sie hoffen, an diesen Grenzen nicht zu scheitern. Wie sie ersehnen, ihrer Enge entkommen zu können, der Einsamkeit und Isolation, Chancenlosigkeit und Ausgrenzung, dem immer wieder neuen Druck, sich beweisen zu müssen. Die Menschen und die Welt haben der Kirche Entscheidendes zu sagen. Sie sind die Welt, in der wir leben und verkünden, auch wenn dies zunächst fremd erscheint. Natürlich müssen wir auch Fragen und Kritik anhören und aushalten, auch solche, die wir nicht annehmen wollen. Aber auch eine ungerechtfertigte Kritik kann Ausdruck dafür sein, dass ein Mensch auf der Suche nach etwas Richtigem ist. Dass er bei uns nicht oder noch nicht das findet, was er für sein Heil sucht. Das gilt es dann auch ernst zu nehmen.

Trotz allem beginnt unser Nachdenken, beginnt unser Dialog – Gott sei Dank – nicht am Nullpunkt. Als Bischöfe stehen wir vielfach in persönlichem Kontakt zu Menschen, wir hören ihre Geschichten und helfen in der Seelsorge, wo es geht. Viele von uns haben in persönlichen Begegnungen mit Einzelnen, in Gremien, bei öffentlichen Veranstaltungen oder über moderne Kommunikationswege die Möglichkeiten des Dialogs erprobt. Dies alles wird und muss weitergehen. Doch glaube ich, dass wir gemeinsam noch einen weiteren Schritt wagen sollten. Wichtig ist der Austausch über Hintergründe und Argumente für verschiedene Positionen. Wir müssen darüber reden, warum wir die Dinge so sehen, wie wir es tun. Und wir müssen verstehen, warum andere in derselben Sache zu anderen Positionen kommen. Nur so können wir die richtigen und in die Zukunft weisenden Antworten finden, die wir schuldig sind – und dies auf eine Weise, die verständlich ist.

Erzbischof Robert Zollitsch, Vorsitzender der Deutschen Bischofskonferenz, aus: Leitschuh, Marcus C. (Hg.): Gewagte Aufbrüche. Beiträge zum Dialogprozess.
topos taschenbuch 810, S. 18 bis 22.

Zukunft der katholischen Kirche

Mein Glaube ist mir Sinngebung, Orientierung und Maßstab im Leben. Aber ich begreife mich nicht als isoliert gläubiger Mensch. So wie ich als zoon politicon immer auch der Teil der civitas, der städtischen Gemeinschaft oder Bürgerschaft, bin, so verstehe ich mich auch als Christ als ein Teil der Kirche. Meine Kirche ist katholisch und apostolisch. Sie besteht seit zweitausend Jahren, von ihren Anfängen bis heute verfolgt, geduldet, oft stark und schwach zugleich und doch wachsend bis zu einer erdumspannenden Gemeinschaft von 1,2 Milliarden Mitgliedern. Mit Höhen und Tiefen, mit Licht und Schatten – oft auch selbst verursacht.

Bei der Beantwortung der Frage, wie sich die Kirche bis in das Jahr 2030 entwickeln wird, müssen wir zur Kenntnis nehmen, dass die katholische Kirche Deutschlands nicht gleichzusetzen ist mit der katholischen Weltkirche. Anders als in Europa kennzeichnet die katholische Kirche etwa in Asien, Afrika oder auch in großen Teilen Amerikas eine größere Vitalität und vor allem ein Wachstum, das uns leider allzu oft fremd geworden ist – ein Blick über den Tellerrand des deutschen Katholizismus lohnt. Bedeutsam für die Entwicklung der katholischen Kirche in Deutschland wird sein, wie lebendig der Glaube in ihr tatsächlich ist und wie sie die Herausforderungen der Individualisierung, Säkularisierung und Relativierung annimmt. Und wie sie mit der Rolle der Frau und dem Zölibat umgeht. Unsere Kirche muss sich weiter öffnen. Frauen brauchen mehr Mitsprache und Mitwirkungsrechte.

Die Debatte um das Diakonat der Frau oder die Abschaffung des Pflichtzölibats ist noch nicht beendet, sie beginnt erst richtig. Eine zentrale Frage, die sich heute und im Blick auf 2030 allen dialogbereiten Christen stellt, ist: Wie kann Kirche ohne Substanzverlust ihrem originären Auftrag, Gott als Schöpfer und Jesus Christus als Erlöser den

Menschen zu verkünden, durch alle Turbulenzen hinweg gerecht werden, gleichzeitig aber auch der weltlichen Realität und ihren jeweils aktuellen Erfordernissen Rechnung tragen?

Zum wesentlichen Auftrag gehört, dass Kirche als überzeitliche Institution und die Menschen in ihr auch weiterhin ihren Glaubens- und Wahrheitsüberzeugungen und ihren moralischen Grundsätzen treu bleiben und als Stabilisatoren in Zeiten radikaler Umbrüche und gesellschaftlicher Fragmentierung wirksam werden. Neben dem größten Auftrag, der Verkündigung des Wort Gottes und der Seelsorge, muss sie der Vergötterung und Isolierung des Individuums gleichermaßen entgegenwirken. Sie muss Mahnerin sein in einer Welt, in der viele glauben und hoffen, sich selbst von Leiden und Schuld befreien zu können, und nur das Hier und Jetzt als Horizont begreifen. Sie muss stets wieder von Neuem die Hoffnung der Hoffnungslosen, die Trösterin der Armen, Kranken und Vergessenen werden. Glaubwürdig wird die Kirche durch einen lebendig und stets auch sozial erfahrbaren, gelebten Glauben, der Immanenz und Transzendenz ebenso verbindet wie die spürbare Sorge um die soziale wie spirituelle Dimension jedes Menschen. Sie zeigt darin über die Welt hinaus auf Gott und die Ewigkeit hin, ist aber vehement und tatkräftig präsent in der Realität dieser Welt. Die Kirche tritt ein für die uneingeschränkte Würde jedes Menschen von Beginn der Existenz an und bezieht klar Position, auch wenn der Zeitgeist, parlamentarische oder demoskopische Mehrheiten dies anders bewerten. Dies gilt auch für andere Bereiche des Lebensschutzes und andere strittige soziale Fragen.

Meine Erfahrung aus vielen Begegnungen und Gesprächen zeigt, dass in der Gesellschaft Offenheit und Neugier für die grundlegenden religiösen Fragen und Überzeugungen vorhanden sind. Entscheidend ist, dass wir die christliche Botschaft mit Freude, Selbstbewusstsein und neuen Wegen weitertragen. Wir werden den Herausforderungen unserer Zeit auch nicht gerecht, wenn wir vor allem mit Anpassung und Resignation reagieren.

Eine Gesellschaft ohne Glauben, ohne Kirche, ohne christlich motivierte Caritas, ohne eine unabhängige moralische Instanz, die auf Gott, überzeitliche Werte und vor allem auf Nächstenliebe setzt, kennt keine Maßstäbe und Grenzen mehr und kommt so in die Gefahr, inhuman zu werden. Sie beginnt, die Dinge und langsam auch den Menschen selbst nur noch nach Nützlichkeit und Effizienz, nach Kosten und Ertrag zu beurteilen. Dies zerstört auf Dauer nicht nur Familien, sondern auch die Gesellschaft und Sozialkultur. Wirtschaftlichkeit und Wissenschaftlichkeit, Lebensstandard und Selbstverwirklichung, Erfolg und Leistung sind für sich gesehen nicht negativ, wenn sie aber zu den wesentlichen Kriterien der Beurteilung von Lebenssinn und Lebensglück gehören, geht das verloren, was den Menschen zutiefst auszeichnet.

Julia Klöckner, Fraktions- und Landesvorsitzende der CDU in Rheinland-Pfalz, aus Leitschuh, Marcus C. (Hg.): Gewagte Aufbrüche. Beiträge zum Dialogprozess.
topos taschenbuch 810, S. 140 bis 142.

Kirche – zwei Zukunftsbilder

Ich gehöre weder zu den großen noch zu den kleinen Propheten. Ich kann nur Beobachtungen sammeln und aus dem Heute vorsichtige Schlüsse für das Morgen ziehen. Ohnehin hat jeder, was die Zukunft der Kirche angeht, Schreckbilder und Hoffnungsbilder. Sie haben einen durchaus realistischen Kern.

1. Wäre es möglich (um gleich den schlimmsten Fall anzunehmen, dass die Kirche bei uns in diesem Jahrhundert einfach verschwindet? Dass sie zumindest so schwach wird,

dass man sie als soziale Größe vernachlässigen könnte? Also keine Volkskirche mehr, keine Taufe, keine Sakramente, kein Religionsunterricht in öffentlichen Schulen, kaum Kirchen, nur noch wenige Gottesdienste, fast im Geheimen gehalten? Kann man sich vorstellen, dass unsere Kirchen und Dome eines Tages abgebrochen werden – so wie es Cluny, der früher einmal größten Kirche im Abendland, nach der Französischen Revolution erging, als das Bauwerk zum Verkauf als Steinbruch ausgeschrieben und bis auf einen Rest vernichtet wurde? Oder dass die Kirchen nur noch als Denkmäler weiterbestehen, als Erinnerung an etwas, das einmal war, aber nun nicht mehr ist: Gottesdienste, Predigten, Versammlungen der Gläubigen? Gewiss, ich übertreibe. In der Tat sind wir von einem derartigen Zustand weit entfernt. Aber denkbar ist der Fall schon; so etwas hat es in den zweitausend Jahren Christentumsgeschichte immer wieder gegeben. Die Kirchengeschichte ist voll von Aufbrüchen und Gründungen. Sie ist aber auch voll von zerstörten Kirchen, verschwundenen Gemeinden; vieles erinnert uns an untergegangenes, einstmals blühendes Kirchenland.

Von vielen Orten und Regionen wurde „der Leuchter weggerückt". Wir haben im letzten Jahrhundert ähnliche Vorgänge erlebt: in Russland nach 1917; im China der Kulturrevolution; in NS-„Musterregionen" wie dem Warthegau. Wer heute durch die Länder des einstigen Ostblocks fährt, erlebt die mühsame Wiederherstellung von Kirchen aus Parteihäusern, Museen des Atheismus, Schwimmbädern, Sternwarten. Umgewidmet ist eine Kirche rasch; dass sie der ursprünglichen Bestimmung zurückgegeben wird, setzt Anstrengungen voraus, verlangt den Einsatz von Gläubigen. Wie aber, wenn gar keine Gläubigen mehr existieren, wenn von einer religiösen Kultur nur noch Trümmer übrig geblieben sind?

Das ist ein Schreckbild, gewiss. Aber es kann uns doch heilsam aufwecken „aus dem Schlaf der Sicherheit." Was wir besitzen aus einer langen Überlieferung, aus einer vitalen Verbindung von Kirche und Gesellschaft, Religion und Kultur, das muss nicht für alle Zeiten bestehen. Es kann verfallen, kann untergehen. Zivilisationen sind sterblich, Kirchen auch. Nichts lässt sich auf Dauer schützen, wenn Geist und Leben schwächer werden und absterben. Lebendig bleibt nur, was bei Menschen Wurzeln geschlagen hat und fortbesteht. Sonst wird auch das schönste Äußere einer Kirche zur toten Fassade.

2. Freilich: Das muss nicht so kommen. Immer wieder hat sich die Kirche im Lauf der Zeiten erneuert, immer wieder ist Gott neu bezeugt worden von Menschen, die ihm früher fernstanden. Lange Zeit brachen die Quellen der Spiritualität vor allem in den Orden, in den Klöstern auf. Heute erwachen Berufungen oft mitten in der Welt. Noch sind es viel zu wenige. Aber können sie nicht wachsen und an Zahl zunehmen?

Christen dürfen sich (und die Welt) nicht der Angst überlassen. Sie müssen ihren Mitmenschen helfen bei der Überwindung der Angst. „Fürchtet euch nicht!", dieser Ruf der Engel in Bethlehem ist ein Stenogramm der christlichen Botschaft. Das galt zu allen Zeiten; wie viel mehr gilt es heute, in einer von Ängsten, Verzweiflung, Untergangsstimmung geschüttelten Zeit!

Vor vor mehr als tausend Jahren zitterte die Christenheit in Erwartung des fürs Jahr 1000 angesagten Weltgerichtes. Man sah Wunderzeichen am Himmel und auf der Erde. Angstwellen verbreiteten sich. Aber die Historiker berichten uns auch von einer ganz unerhörten Weltaktivität: Die Bevölkerung nimmt zu, das Wirtschaftsleben blüht auf, Klöster, Kirchen und Städte werden gegründet – und dies keineswegs nach dem Jahr 1000, gewissermaßen als Dank für den ausgebliebenen Weltuntergang, sondern vorher. Damals vereinigten sich die Gläubigen zu Friedensversammlungen. Der Gottesfriede wurde verkündet. Der Hintergrund ist klar: Das Reich Gottes war für die damaligen Menschen, obwohl sie mit heiligem Schrecken dem Gericht entgegensahen, nicht eine Katastrophe, die es zu verhindern galt. Im Gegenteil, man wollte Gott eine Welt darbieten, die würdig ist, ihn aufzunehmen.

Wir sind am Beginn des dritten Jahrtausends nach Christi Geburt. Wie so oft in der Geschichte verbinden sich mit diesem Datum Stimmungen des Untergangs, der apokalyptischen Ängste. Fragen türmen sich auf. Für Christen ist diese Zeit eine Herausforderung – ein Aufruf, Gott in dieser leidenden, krisengeschüttelten Welt eine neue Heimstatt zu bereiten. Blicken wir also ohne Angst in die Zukunft! Seien wir des Gottesreiches würdig, das mitten unter uns erstehen will!

Aus Maier, Hans: Reisen durch die Zeit. Glossen.
topos taschenbuch 782, S. 183 bis 185.

Der Glaube trägt uns

Können wir Gott erkennen?

Schon abgegriffen, aber den Jüngeren kaum noch bekannt, ist die Geschichte vom russischen Weltraumfahrer Gagarin, der nach der ersten spektakulären Erdumkreisung (1961) siegessicher der Welt mitteilte: „Gott habe ich im Weltraum nicht gesehen." Wer gewitzt war, fragte damals zunächst zurück: „Wie viel lumpige Kilometer Weltraum hast du denn inspiziert – verglichen mit den Milliarden Lichtjahren seiner Ausdehnung?" Die ersten amerikanischen Mondfahrer (1969) bewiesen da schon mehr Gefühl für die wahren Größenverhältnisse: Als sie aus der Mondumlaufbahn die blaue Erde »aufgehen« sahen, rezitierte der Chef der Astronautenmannschaft die ersten Sätze der Bibel: „Im Anfang schuf Gott Himmel und Erde ..."

Aber so oder so: Hat man je einen gut über seinen Glauben unterrichteten Christen mit der Frage vom Stuhl reißen können, ob man – im Weltraum oder anderswo – Gott gesehen oder nicht gesehen habe? Vieles können wir nicht mit unseren Augen sehen und nicht mit unseren Händen greifen, und es ist trotzdem wirklich.

Warum soll es also von vornherein gegen die Wirklichkeit Gottes sprechen, wenn wir ihn nicht sehen können? Können wir Gott sehen? Kannst du mir Gott zeigen? – das sind Fragen, die zu kurz greifen. Wohl aber können wir mit Fug und Recht fragen: Können wir Gott *erkennen?* Kannst du mir deutlich machen, dass Gott ist? Dass Gott existiert? Dass Gott lebt? Dass es Gott gibt?

Nun aber werden viele Christenmenschen, auch heute noch, zurückgeben: Warum fragst du so etwas Selbstverständliches? Können denn gläubige, überzeugte Christen ernsthaft *fragen,* ob Gott ist und sich erkennen lässt? Sind sie nicht gerade dadurch Christen, dass sie diese Frage ein für alle Mal beantwortet haben und dieser Antwort froh geworden sind? Kann für einen Christen die Wirklichkeit Gottes auch nur dem geringsten Zweifel unterliegen, ohne dass er dadurch aufhört ein Christ zu sein?

An dieser Gegenfrage ist viel Wahres. In den vergangenen Jahrzehnten hat man sich in der Kirche, in der Christenheit um fast alles gestritten, was jahrhundertelang pure Selbstverständlichkeit war: um die Erschaffung der Welt durch Gott persönlich, um die Gottmenschheit Jesu Christi, um seine Auferstehung, um die Wirklichkeit der Sünde, um die Wahrheit unserer Erlösung, um die Gegenwart Christi in der Eucharistie, um Sinn und Recht des Gebetes und des Gottesdienstes, um das kirchliche Amt und seine Bedeutung für den Christen, um die Einheit der Kirche, um das politische Handeln des Christen ... Nur ein Thema war tabu: Gott. Im Gegenteil, man hatte bei all dem Streit das Grundgefühl: Gott wird mit unserem Streit schon klarkommen – eben deshalb können wir ihn uns erlauben. Denn Gott ist größer als unser Herz, unsere Einsicht und unsere Worte, er steht in all unserem Streit nicht auf dem Spiel, auch wenn der Streit notwendig ist.

Das ist heute anders. Außerhalb der Kirche stellen viele Zeitgenossen – und nicht die schlechtesten! – schon lange die Frage, ob wir uns nicht endgültig von der Idee trennen müssen, dass da ein Gott ist, der unser Schicksal in seiner Hand hält. Inzwischen macht ein aggressiver neuer Atheismus von sich reden. In längst überwunden geglaubter Weise werden die Naturwissenschaften und die Evolutionslehre gegen den Glauben an Gott, den Schöpfer ausgespielt.

Das Wort vom „Gotteswahn" macht die Runde. Innerhalb der Kirche fragen viele Christen – und nicht die schlechtesten! –, ob wir nicht schon lange in den Vorstellungen, die wir uns über Gott machen, völlig irregeleitet sind. Man denke nur daran, dass man im Namen Gottes Waffen gesegnet hat, und dass kriegführende Völker jeweils Gott auf *ihrer* Seite wähnten. Christen fragen, ob wir überhaupt noch ehrlich von Gott so reden dürfen, wie die Glaubensüberlieferung es tut. Was heißt es denn, dass Gott Himmel und Erde erschaffen hat, wenn wir heute wissen, dass die Erde und der Kosmos das Ergebnis einer Entwicklung („Evolution") ist, die zwischen fünf und zehn Milliarden Jahre gedauert hat? Was soll es besagen, dass Gott in der Welt handelt, ja in der Welt »eingreift«, wenn wir an die grauenvolle Wirklichkeit von Auschwitz, Majdanek und Treblinka denken?

Was heißt es, dass Gott „sich geoffenbart" hat, wenn die Heilige Schrift alle Eigentümlichkeiten menschlicher Bücher der damaligen Zeit hat wie andere Bücher auch, „heilige Bücher" anderer Religionen nicht ausgenommen? Ja, gelegentlich fragen sich selbst Christen, ob wir den christlichen Glauben nicht missverstanden haben, wenn wir ihn mit dem Gedanken an einen persönlichen Gott verbinden.

Nehmen wir einmal an, alle, die so denken und reden, hätten recht – dann könnten wir unsere Kirchen schließen, unser Gottesdienst wäre höchstens noch ein schöner Brauch (wie ein Fasching ohne nachfolgende Fastenzeit), unser leidenschaftlicher Streit um die Glaubenswahrheit wäre wie eine Opernaufführung, Priester, Bischöfe und Päpste wären zynische Volksverführer zum Zwecke bloßer Machterhaltung, unsere moralischen Grundsätze, die wir aus dem Glauben ableiten, wären nichts als altmodische Zwänge, aus denen uns zu befreien uns der Mut fehlt, und wenn wir Glaube und Christentum in der Öffentlichkeit verteidigen, könnte man es uns mit Recht als haltlosen Fanatismus auslegen.

Aus dieser Überlegung wird also klar: Die Frage nach Gott, die Frage, ob wir Gott wahrhaft erkennen können, ist heute *die* Frage des christlichen Glaubens. Müssten wir sie mit nein beantworten, könnten wir alle weiteren Glaubensfragen vergessen. Darum also müssen wir fragen: Können wir Gott erkennen? Können wir Gott *heute* erkennen, können wir *heute* von ihm reden?

Sind wir damit gewissermaßen zum „letzten Gefecht" angetreten? Kämpfen wir schon mit dem Rücken zur Wand? Dürfen die Gegner des Glaubens sich sagen: Nur diese eine Bastion noch – dann haben wir es geschafft? Nein, es wäre ganz falsch, die Sache nur so negativ zu sehen. Wenn heute die Frage nach Gott zur Mitte aller Glaubensfragen wird, so fragt der *Glaube* nach seiner ureigenen Mitte. Viele Theologen sagen darum heute: Die Theologie kommt wieder zu ihrer eigentlichen Sache, nämlich „Theologie" zu sein, „Rede von Gott". Das gilt für alle theologischen Fächer: Was für Einzelfragen sie auch immer behandeln, der letzte Bezugspunkt ist immer Gott selbst – das, was die einzelnen Fachfragen der theologischen Fächer zu unserer Erkenntnis Gottes beitragen. Dafür kann man sich unmittelbar auf das Neue Testament berufen. Der Verfasser des Hebräerbriefes schreibt: „Wer zu Gott hintreten will, muss glauben, dass er ist und dass er denen, die ihn suchen, ihren Lohn geben wird" (Hebr 11,6).

Modern ausgedrückt, würden wir sagen: Es kommt darauf an zu erkennen, dass Gott *wirklich* ist und dass er uns Menschen zu unserem Heile *nahe* ist. *Das*, meint der biblische Verfasser, ist der ganze christliche Glaube!

Nicht mehr? Nein, denn wenn wir genauer hinsehen, ist darin alles zusammengefasst, was der Glaube sagt. Alle weiteren Einzelheiten sind nur Kommentar, Verdeutlichung, Veranschaulichung, Konsequenz dieser Grundtatsache: Gott ist – und er ist uns nahe. Gott ist nicht *ein* Gegenstand unseres Glaubens, sondern *der* Gegenstand unseres Glaubens. Gott ist nicht *eine* Glaubenswahrheit unter anderen, sondern *die* eine Wahrheit unseres Glaubens. Er ist nicht der Anfang einer Liste von Glaubenswahrheiten, sondern wie der gemeinsame Mittelpunkt, um den sich alle anderen Glaubensaussagen wie Kreise mit mehr oder weniger großem Durchmesser herumlegen.

Oder ein anderes Bild: Wenn wir an einem See kreisförmig sich ausbreitende und immer mehr verebbende Wellen sehen, suchen wir unwillkürlich nach dem Punkt, wo der Stein ins Wasser gefallen ist – erst wenn wir den gefunden haben, wissen wir die Erklärung für die Wellenkreise. Und richtig einschätzen können wir diese erst, wenn wir auch die Schwere des Steines, seine Aufschlaggeschwindigkeit und die Tiefe des Wassers an dieser Stelle wissen. So können wir keine andere Glaubensfrage verstehen, wenn wir um Gott nicht wissen.

An sich wussten die Christen und die Theologen schon immer, dass es im Glauben letztlich um Gott und nur um Gott geht – so wie ja auch die ganze Hoffnung des Christen darin zusammengefasst ist, dass in der Vollendung der Geschichte „Gott alles in allem" wird (1 Kor 15,28). Aber die Entwicklung der modernen Welt, der Generalangriff der Glaubensgegner auf die Mitte unseres Glaubens, die ehrliche Sorge vieler Christen, unseren Gottesglauben von allen falschen und gar lächerlichen Vorstellungen rein zu halten – das alles hat uns wie nie zuvor auf diese Grundwahrheit unseres Glaubens gestoßen. Daher stellen wir uns in diesem Buch der Frage, ob wir Gott erkennen können – sodass wir seiner Wirklichkeit und seiner Nähe auch heute gewiss sind.

Aus Pesch, Otto Hermann: Heute Gott erkennen.
topos taschenbuch 811, S. 7 bis 12 (gekürzt).

◆

Abbas Sisoes sagte: „Suche Gott, aber frage nicht, wo er wohnt."

Aus Die Wüstenväter: Sag mir ein gutes Wort. Gedanken für jeden Tag.
Ausgewählt und herausgegeben von Bonifaz Miller OSB.
topos taschenbuch 796, 16. August.

Was wissen wir von Gott?

Theologie in den ersten Tagen und Jahren nach Jesu Tod und Auferstehung – das hieß vor allem freudig die baldige Wiederkunft Jesu und die Vollendung des Gottesreiches erwarten. Erst allmählich breitete sich unter den Christinnen und Christen die Erkenntnis aus, dass sich die Hoffnung auf ein schnelles Ende dieser Welt nicht erfüllen würde. Für diese Einsicht und für eine Reihe weiterer Fragen bedurfte es nun richtungweisender theologischer Überlegungen. Sechs bedeutende Weichenstellungen lassen sich in der frühchristlichen Zeit ausmachen.

1. Als Erstes mussten die ratlosen Apostel und Jünger nach der Himmelfahrt Jesu lernen, dass die Gemeinde der Gläubigen im Warten auf die Wiederkunft ihres Herrn überhaupt eine Geschichte haben würde. Wie sollten sie die Wartezeit überstehen? Sollten sie in Jerusalem bleiben, in Israel predigen oder gar Jesu Wort über die Grenzen hinaustragen?

Zu Pfingsten platzt der Knoten. Petrus predigt in Jerusalem, Stephanus diskutiert mit Diasporajuden, Philippus missioniert in Samaria, von überall her treffen Nachrichten ein über Menschen, die sich im Namen Jesu versammeln. In Antiochien am Orontes ist eine Üngergemeinde aus Juden und Nichtjuden entstanden. Die Mission ist nicht mehr aufzuhalten.

2. Die ersten Missionare machen die Erfahrung, dass auch Heiden zum Glauben an Jesus kommen, wenn sie das Evangelium hören. Wie können sie in die Gemeinde integriert werden? Müssen sie erst beschnitten werden, ehe man sie taufen kann? Ist neben der Bergpredigt auch die jüdische Thora weiterhin für sie verbindlich? Wenn nämlich die auf die Wiederkunft wartende Gemeinde/Kirche als Neuer Bund und Neues Israel auf die Erfüllung der prophetischen Verheißungen Gottes hofft, muss sie dann nicht auch Gesetz und Beschneidung, die Bedingungen

des Alten Bundes, erfüllen? Das sogenannte Apostelkonzil (um 48/49) gibt die – später von Paulus durchdachte und begründete – Antwort:

Nicht die Erfüllung des Gesetzes, allein der Glaube an Christus hat alle Menschen erlöst. Mit dieser Entscheidung verlässt die Kirche die nationale Enge des Judentums; sie bleibt keine jüdische Sonderrichtung und bekommt einen eigenen Namen: Von jetzt an werden Jesu Jünger Christen genannt.

3. Wenn Christus durch seinen Tod am Kreuz den Neuen Bund geschlossen, wenn er der neue Moses und der neue Elias ist, wenn Gott durch ihn alle Propheten überboten und sein letztes Wort gesprochen hat, welche Bedeutung besitzt dann noch die Heilige Schrift des Alten Testaments?

Kann sie als Ballast abgeworfen werden? Christliche Sondergruppen, einzelne Theologen, nicht zuletzt Markion in der Mitte des 2. Jahrhunderts und die von ihm gegründete Gegenkirche waren dieser Meinung. Angefangen von Irenäus (nach 177 Bischof von Lyon) über Tertullian († nach 212) und Origenes († 253/4) bis hin zu Augustinus (354–430) hat die Kirche einen heftigen Kampf um die bleibende Gültigkeit des Alten Testaments geführt, die im Ökumenischen Konzil von Konstantinopel (381) im Glaubensartikel über den Heiligen Geist, „er gesprochen hat durch die Propheten"«, festgeschrieben wurde.

4. Als die Naherwartung der Wiederkunft Christi verblasste, machte sich der wachsende Abstand zu den historischen Anfängen bedrohlich bemerkbar. Er ließ sich entschärfen, wenn man Person und Werk Christi gewissermaßen aus der Geschichte herauslöste und seine Menschwerdung, seinen Tod und seine Auferstehung zu zeitlosen Symbolen der Erlösung des Menschen machte, der durch ein kosmisches Verhängnis in die Dunkelheit von Welt und Materie gesunken war – einer Erlösung freilich nicht durch den Glauben an ein historisches Ereignis, sondern durch

spekulative Erkenntnis, eine „Gnosis" genannte Denkströmung.

Die Evangelien und andere allerorten auftauchende Offenbarungsschriften ließen sich – bildhaft gedeutet – in diesem Sinn gnostisch interpretieren. Dagegen haben alle maßgebenden Theologen von den Verfassern der späten neutestamentlichen Schriften bis zu den Kirchenvätern am Ausgang der Antike darum gerungen, die Geschichtlichkeit des Erlösungswerkes Christi zu begründen.

5. Sollte die Frohbotschaft Christi nicht zerredet und der Glaube an ihn nicht in einem Wirrwarr von Meinungen untergehen, mussten die Grundlagen der christlichen Verkündigung und ihre Auslegung gesichert und normiert werden. In wichtigen Gemeinden, die sich auf die Gründung durch einen Apostel zurückführten, entstanden daher schon früh satzhafte Formulierungen des Glaubens (*regula fidei*), die als Glaubensbekenntnisse bei der Spendung der Taufe verwendet wurden. Sie wuchsen zusammen und sicherten als „Apostolisches Glaubensbekenntnis" die Einheit des Glaubens.

In der *regula fidei* lebte die apostolische Überlieferung weiter, die sich vollständig und zuverlässig im Kanon der Heiligen Schrift des Neuen Testaments niedergeschlagen hat. Dass ohne autorisierte kirchliche Führung von oben allein durch den liturgischen und Katechetischen Gebrauch in den Gemeinden aus einer Vielzahl von Evangelien, Apostelgeschichten, Briefen und anderen Texten im 2. und 3. Jahrhundert eine Sammlung von siebenundzwanzig Schriften hervorging, die als Kanon akzeptiert wurde, in dem das christliche Offenbarungsgut vollständig und verbindlich enthalten ist, gilt auch kritischen Historikern als schieres Wunder.

Ähnlich schnell und geräuschlos entstanden die kirchlichen Ämter. Als sich nach dem Ende der Naherwartung herausstellte, dass mit der – von Paulus zunächst angenommenen – charismatischen Erweckung aller für den

Fortbestand einer Gemeinde notwendigen Dienste des Leitens, Lehrens, der Sakramentenspendung und der Bußversöhnung in ausreichender Zahl in jeder Gemeinde und zu jeder Zeit nicht zu rechnen war, begannen die Gemeinden in nachapostolischer Zeit, geeignete Männer in der Nachfolge der Apostel (*successio apostolica*) zu wählen und durch Handauflegung für ihre Aufgabe zu bevollmächtigen. Dieser Prozess ist nach ersten Andeutungen im Ersten Klemensbrief (um 96) und den beiden neutestamentlichen Timotheusbriefen in erstaunlich kurzer Zeit bereits in der 2. Hälfte des 2. Jahrhunderts abgeschlossen. Nach Ignatius von Antiochien († um 110) besitzt jede Gemeinde einen Bischof, Presbyter und Diakone, die für Verkündigung, Liturgie und Caritas verantwortlich sind.

6. Schaut man nach außen, musste sich die Kirche mit dem Anspruch des Staates sowie mit den Herausforderungen durch die religiöse Umwelt und die spätantike Philosophie auseinandersetzen. Der Anmaßung des Staates auf höchste religiöse Autorität, die sich im Zwang zum Kaiseropfer manifestierte, konnte sich die Kirche nur verweigern. Verfolgungen und Martyrien haben sie belastet und zugleich gestärkt. Eine wirkliche theologische und kirchenpolitische Auseinandersetzung mit den Ansprüchen des Staates wurde erst nach der so genannten Konstantinischen Wende notwendig, nachdem die Staatsmacht selbst christlich geworden war.

Eine Abgrenzung und Verteidigung der Kirchenfreiheit gegenüber inakzeptabler staatlicher Einmischung in kirchliche Belange geschah im Westen vor allem durch Ambrosius, der von 374 bis 397 Bischof von Mailand war. Die Gefahren durch die heidnische Staatsreligion, geheime Kulte und Vielgötterei haben die Gemeinden nicht geängstigt. Die Kirche wusste sich theologisch und ethisch allen religiösen Konkurrenten überlegen. Erstaunlich positiv begegnete die Kirche dagegen der spätantiken Philosophie, sowohl der stoischen Ethik wie auch der platonischen Gotteslehre. Schon der Philosoph und Märtyrer Justin († um 165) spricht von einer keimhaft vorhandenen Vernunft, einer ahnungsweisen Gegenwart der Wahrheit überall im Juden- und im Heidentum, in den archaischen Religionen, bei Dichtern und Philosophen, wo ein Schimmer der einen göttlichen Wahrheit erahnt wurde, die mit der Offenbarung durch Christus ins volle Licht getreten ist.

Dass der Glaube vernünftig ist, dass es keine geoffenbarte Wahrheit geben kann, die nachweisbarer menschlicher Erkenntnis widerspricht, ist eine Überzeugung, die sich durch die Jahrhunderte über Augustinus, Albert den Großen, Thomas von Aquin und viele andere erhalten hat und zur Zeit von Papst Benedikt XVI. vehement verteidigt wird.

An diesen Meilensteinen konnten sich die Kirchenführer und Theologen der folgenden Jahrhunderte orientieren, unter denen die abendländischen Kirchenlehrer Ambrosius, Hieronymus, Augustinus und Gregor der Große sowie in der Ostkirche Basilius der Große, Gregor von Nazianz und Johannes Chrysostomus besonders hervorragen – mit dem Ergebnis, dass am Ausgang der Spätantike gegen Ende des 6. Jahrhunderts die Länder des Mittelmeerraumes christianisiert sind und heidnische Religionen und Philosophien ihre gesellschaftliche Bedeutung verloren haben.

Ernst Dassmann aus Müller, Thomas Moritz / Schlotthauer, Reiner (Hg.): Gott denkend entdecken. Meilensteine der Theologie. topos taschenbuch 801, S. 18 bis 22.

Glaubensinseln im Strom

Der christliche Glaube ist aus dem Alltag verschwunden. Er regelt nicht mehr den Takt unseres Lebens, schon lange nicht mehr. Er hat sich in schwach besuchte Kirchen zurückgezogen. Doch er flammt auf, wenn es um Trost geht oder Freude. Dann meldet er sich zurück in diesen Zeiten aufgelöster Bindungen, zerfallender Strukturen, schwankender Orientierungen, als ob er nur geglimmt hätte. In einem Radiogespräch sagte der Verlagschef und Lyriker Michael Krüger vor ein paar Jahren, dass das „Christentum zwar vielleicht hinter einer Wolke verborgen" sei, „aber die Strahlungen, die es aussendet, finden sich natürlich in allen unseren Handlungen wieder".

Wir leben in einem merkwürdigen Zwischenlicht. Es ist ja längst nicht mehr so, dass sich Gläubige und Atheisten als kompakte Lager gegenüberstehen, sondern Gläubige dämmern hinüber in den Unglauben und Agnostiker lassen sich für Momente vom Glauben erfassen, sowohl innerhalb wie außerhalb der beiden großen Kirchen.

Der Glaube sucht sich Metamorphosen, entlegene Spielfelder, Theaterbühnen, Romane und Gedichte und Kinofilme, um uns anzusprechen. Und sicher sucht er immer wieder die großen Feste, etwa das jähe Spektakel-Christentum bei Papstbesuchen oder Feiertage wie Ostern oder Weihnachten. Nicht jedem ist das recht.

Zu einer regelrechten Orgie der Beschimpfungen kam es in unserer Kirche „Nossa Senhora da Luz" in Rio de Janeiro, als unser Pfarrer während der Christmette in die vollgepackte kleine Kirche rief: „Wer sonst nicht kommt, kann auch jetzt wegbleiben." Wir hatten Freunde aus Deutschland zu Besuch, nicht gerade Kirchgänger. Die wollten wissen, was los ist. Warum schreit der so? „Er macht sich Sorgen um die Ungläubigen", sagte ich. Sie waren beeindruckt.

Bei uns ist man da weniger wählerisch. Bei uns kann man es sich auch nicht erlauben, wählerisch zu sein. Die meisten Pfarrer freuen sich wohl darüber, dass wenigstens einmal im Jahr die Bude voll ist.

Ansonsten? Man wendet sich an Gott bei Taufen, sicher ist sicher, der Nachwuchs soll die allerbesten Chancen haben, und Taufpartys sind sowieso die schönsten Society-Events, die man sich vorstellen kann – ich habe mal einer in

England beigewohnt, auf der sich das halbe Kabinett, einige Oppositions-Häuptlinge sowie mehrere Chefredakteure auf einer Wiese verloren und zwischen Hecken konferierten, so als ob „Der Pate" noch mal gedreht werden müsste.

Bei Taufen also kommen wir zusammen. Sowie bei Beerdigungen, denn selbst unserer restlos aufgeklärten Gesellschaft wird dann klamm und bang, weil sie nicht weiß, wohin die Reise geht nach dem Tode. Und so möchte man dann doch das Familienmitglied oder den Nationaltorhüter Robert Enke dem Schutz des Höchsten anempfehlen und möchte im Hamburger Michel mit Helmut Schmidt um seine Frau Loki trauern, kollektiv. Man will zusammenrücken. Wir brauchen Gott also am Anfang des Lebens und am Ende. Zwischendrin soll er sich bitteschön so weit wie möglich raushalten, ach so, ja, es sei denn, es geht um eine Hochzeit in Weiß.

Wir haben ihn ziemlich ruhiggestellt, den lieben Gott, ins Nachtprogramm, ins Wort zum Sonntag, als Bremse zum Spätfilm. Rund die Hälfte der Bevölkerung ist zwar noch pro forma Mitglied einer der beiden christlichen Kirchen, aber nur zehn Prozent davon gehen in die Gottesdienste, und sie werden sich hüten, darüber in der Öffentlichkeit zu reden, denn es gibt nichts, was uncooler und weniger sexy wäre.

Glaubensorte sind wie Flöße im Alltag, mal sind sie klein und unscheinbar, mal öffentlich. Auf jeden Fall sind sie nicht mehr nur die Kirche. Es ist gut, dass wir sie haben, die Kirche, das Mutterschiff, und dass wir festgelegte Liturgien haben, in denen der Glaube Form findet. Doch dann gibt es diese vielen Beiboote.

Manchmal schwimmen sie vorbei, ganz still und beiläufig, wie dieses Gedicht von Michael Krüger:

Rede des ev. Pfarrers

(lacht:)
Ach, wissen Sie,
auch ohne ihn
haben wir viel zu tun.
Manche in der Gemeinde
haben ihn schon vergessen.
Anderen fehlt er. Sehr.
War es besser mit ihm?
Der Trost drang tiefer,
und die Scham darüber,
geboren zu sein,
ließ sich leichter
verbergen.

Matthias Matussek, SPIEGEL-Journalist und Buchautor, aus
Aus Leitschuh, Marcus C. (Hg.): Gewagte Aufbrüche. Beiträge
zum Dialogprozess.
topos taschenbuch 810, S. 32 bis 34.

Die Glocke

Die kulturelle Ausstrahlung des christlichen Abendlandes beginnt mit den Klö stern und ihrer Ordnung. Diese Ordnung wurde durch das *signum dare*, das Laüten zu den Gebetszeiten, vorgegeben. Es prägte den Lebensrhythmus innerhalb der Kloster- und später auch der Stadtmauern. Das Bindeglied zwischen *ora*, dem Gebet, und *labora*, der Arbeit, war das *signum*, die Glocke. Sie gliederte die Zeit weit über den kirchlichen Raum hinaus. Sie mahnte die Lebenden, die Gedanken auf Ewiges zu lenken, innezuhalten und über die Grundfragen menschlichen Seins nachzudenken. Sie beklagte die Toten und begleitete sie auf ihrem letzten Weg. Sie lud die Menschen zum Fest und feierte mit ihnen.

Als Glocke zum Läuten für den Frieden geweiht, ließ sie, zur Kanone umgegossen, ihre todbringende Stimme auf den Schlachtfeldern Europas erschallen. Die Glocke war Symbol für Ordnung und Zerfall, für Krieg und Frieden, für Freiheit, aber auch für Unterdrückung, für Heimat ebenso wie für Fremde. Ewiges und Irdisches schwingt in ihren Kläangen mit.

Aber warum brauchen wir als Ruf zu Gebet und Gottesdienst ausgerechnet die Glocke? Weil das Leben unmenschlich wird, wenn wir es dem abstrakten kalten Raum des Verstandes ausliefern. Wir brauchen Farben für unsere Augen, Klänge für unsere Ohren, wir brauchen Symbole zum Verstehen. Nur unsere Sinne finden Wege in die Tiefe unserer Seele, um dort verborgene, vielleicht auch verschüttete Seiten unseres Menschseins neu zu entdecken.

Der griechische Philosoph Plato sagte einmal: „Im Anblick des Schönen wachsen der Seele Flügel." Und Heinrich Lützeler, bedeutender Kunsthistoriker des 20. Jahrhunderts, ergänzte: Eine Kultur, die aufhört, „nutzlos Schönes" zu tun, habe sich bereits selbst aufgegeben. Papst Benedikt XVI. hat diese Gedanken noch als Kardinal aufgegriffen, wenn er schreibt:

Der Rückzug ins ausschließlich Brauchbare und ausschließlich Nützliche in Kunst und Kult hat fast ausschließlich Unbrauchbares und Nutzloses hervorgebracht. Die ohne Zweifel notwendige Einfachheit ist niemals durch Vereinfachung und schon gar nicht durch Verarmung herzustellen.

Sicherlich bedingen das Läuten der Glocken oder die künstlerische Gestaltung unserer Kirchen nicht schon aus sich heraus Sinn und religiöses Leben. Schöne Bilder dürfen das Grau dieser Welt nicht mit bunten Farben überziehen und Glocken nicht den Notruf unserer Mitmenschen oder gar die religiöse und zwischenmenschliche Sprachlosigkeit in unseren Gemeinden übertönen. Glocken können aber eine Atmosphäre schaffen, in der Religiosität, Lebenssinn und ein kultivierter Umgang mit dieser Welt möglich werden.

Die Glocke Europas entwickelte sich in den letzten zweitausend Jahren zu einem Fixpunkt im kirchlichen wie im weltlichen Alltag. Sie überstand die Wende vom Alten ins Neue Testament unbeschadet. Konzile und Liturgiereformen konnten ihr nichts anhaben. Sie überdauerte „Kriegshelden" samt ihrer Kanonengießer und Revolutionäre mit ihren eigens dafür konstruierten Glockenzerstörungsmaschinen.

Und wie könnten wir das beredte Schweigen der Glocken ertragen, wenn wir an die Worte Reinhold Schneiders denken oder auf die Geschichte der schweigenden Glocke zurückblicken?

Bei Bischof Joachim Wanke aus Erfurt lesen wir: Da scheint es doch weit zukunftsweisender, wir beschäftigen uns wieder mehr mit dem Sinn ihres Läutens und mit der Eindringlichkeit ihrer Botschaft denn mit der angstvollen Ungewissheit und Unerträglichkeit ihres Schweigens.

Der österreichische Philosoph Friedrich Heer formulierte es so: Nun schweigen die Glocken in vielen Räumen des Menschen. In den Städten werden sie übertönt und überlärmt durch andere Laute, erzeugt von Geräuschmaschinen . . . Wohl klingen noch viele tausend Glocken in Stadt und Land . . . Aber wir leben nicht mehr in „Glocken-Europa". Wird die Glocke nun neue Geschichte und neue Geschichten schreiben?

Diese Frage können nur wir Christen beantworten. Zweifellos vernehmen wir die Glocke auch in unseren Tagen als „die Stimme" der Kirche. Aber wir müssen die Menschen spüren lassen, dass wir nicht nur fröhlich herumklingeln und wunderschöne Schellen ertönen lassen. Wir müssen sie spüren lassen, dass wir Betroffene der Botschaft sind, von der unsere Glocken künden.

Wir Christen entscheiden mit unserer Antwort auf das *signum*, ob die Glocke auch ein weiteres Jahrtausend

Geschichte schreiben und Geschichten erzählen wird. Wenn wir bereit sind, das *signum dare*, das Glockenläuten, wie Pachomius vor 1700 Jahren als Aufruf zum Dienst an Gott und den Menschen zu verstehen, werden wir von Glocken noch manch schönes Klangbild sehen und viele spannende Geschichten hören.

Aus Kramer, Kurt: Die Glocke. Eine Kulturgeschichte.
topos taschenbuch 597, S. 130 bis 132.

Was ist ein Symbol?

Auf dem Fensterbrett steht ein kleiner Engel aus Bronze. Die Augen hält er geschlossen, als konzentriere er sich ganz auf die Innenwelt. Er ist nur sechs Zentimeter groß. Fünf Finger können ihn mühelos umschließen. Dennoch liegt er schwer in der Hand. Er hat Gewicht. Der kleine Engel gehört zu einer Sendung von Bronzeengeln, die für eine Entlassungsfeier von Abiturienten bestellt worden waren.

Was gibt man jungen Menschen mit auf den Weg ins Leben? Gute Ratschläge, kluge Sprüche, letzte Ermahnungen? Nein, das alles nicht. Vielleicht den Glauben an die Zukunft, das Vertrauen auf die eigenen Kräfte und den Zuspruch: Du wirst deinen Weg nicht allein gehen. Du hast einen unsichtbaren Freund an deiner Seite. Doch wie in Worte fassen, was Jugendliche, Eltern, Freunde und Lehrer beim Aufbruch in ein neues Lebens bewegt?

Dann standen die jungen Menschen vor dem Altar. Der Seelsorger zeichnete mit dem Finger ein Kreuzzeichen in die geöffneten Hände und legte anschließend jedem einen kleinen Bronzeengel hinein. Warum waren die jungen Menschen von dieser Segenshandlung bewegt? Warum standen einigen Eltern die Tränen in den Augen? Symbole sind Türöffner.Sie öffnen die Pforten der Wahrnehmung zur Innenwelt.

Durch Kreuzzeichen und Engel wurde ein spiritueller Raum erschlossen und alle Beteiligten spürten die Botschaft, die aus seiner Tiefe erklang. Symbole stiften Erfahrungen und innere Gewissheit.

Symbole sind Wegbegleiter. Am Strand haben wir vielleicht eine Muschel aufgelesen und in die Hosentasche gesteckt. Jetzt ist sie mehr als eine Muschel. In ihr rauschen die Erinnerungen an warme Sommertage, Gespräche am Strand und zärtliche Stunden in der Nacht. Alles kann zum Symbol werden: die ersten Kinderschuhe, der Teddybär, ein Kieselstein oder eine Feder. Symbole erschließen eine Tiefendimension der Wirklichkeit. Sie verweisen auf etwas Geheimnisvolles, etwas, das nur angedeutet werden kann. Worte dienen der genauen Bezeichnung. Das Symbol aber ist mehr als eine Benennung. In ihm schwingt etwas mit: ein Lächeln, eine Zuwendung, eine versteckte Liebeserklärung, ein Augenblick aus Ewigkeit, das Lachen Gottes oder die Musik des Himmels.

Symbole sind keine Zeichen. Zeichen sind eindeutig. Symbole vieldeutig. Zeichen schenken uns Orientierung im Alltag: Verkehrszeichen oder mathematische Zeichen sind immer eindeutig. Wären sie es nicht, so käme Chaos auf. Auf dem Flughafen in Moskau, Peking oder Teheran schenken Piktogramme auch dem Besucher Orientierung, der die Schriftzeichen nicht lesen kann. Das Symbol aber ist immer vieldeutig. Das Kreuz bezeichnet Leben und zugleich Tod, das Feuer wärmt und vernichtet, die Rose steht für Schönheit und Schmerz. Das Symbol ist die Sprache der Spiritualität. Es verweist aus der sinnlichen in eine geistliche Welt, vom Sichtbaren zum Unsichtbaren, aus der Immanenz in die Transzendenz.

Symbole sind die Sprache des Unsagbaren. Sie können nicht erklärt werden. Sie wollen still betrachtet und meditiert werden. Symbole wollen erlebt, getanzt, gemalt und gestaltet werden. Symbole sind sinnlich. Sie schenken Erfahrungen.

Das Wort „Symbol" kommt aus der griechischen Sprache. „Symballein" bedeutet „zusammenfügen". Symbole sind also wie zwei Puzzleteile. Das „Symbolon" ist „das Zusammengefügte". Ein Symbol war ursprünglich ein Erkennungszeichen, mit dem sich der Besitzer eindeutig ausweisen konnte. Seine Herstellung war einfach. Man nahm beispielsweise eine Tontafel, zerbrach sie in zwei Hälften und gab eine davon dem Freund, die andere behielt man im eigenen Besitz. Wollte nun etwa der Freund eine Mitteilung schicken, so gab er dem Boten als Erkennungszeichen die zweite Hälfte der Tontafel mit.

Die Religionen der Menschheit voller Symbole. Bekannte Symbole sind Baum, Garten, Berg, Wasser, Feuer, Tür, Weg, Labyrinth, Muschel, Wein, Brot. Wer die heiligen Texte der Religionen ohne einen spirituellen Spürsinn für Symbole liest, bleibt an der Oberfläche stehen.

Heilige Texte können unterschiedlich gedeutet werden. Im symbolischen Umgang wird der persönliche Bezug gesucht: Nicht, was allgemein gilt, sondern was für mich und mein Leben bedeutsam ist oder sein könnte. In der jüdischen Mystik der Kabbala und des Chassidismus wurde die gesamte Überlieferung symbolisch gedeutet. Im Symbol erscheint jene andere Wirklichkeit, die sich anders gar nicht mitteilen kann. Steht also in der Allegorie ein Ausdrückbares für ein anderes Ausdrückbares, so steht im mystischen Symbol ein Ausdrückbares für etwas, was der Welt des Ausdrucks und der Mitteilung entrückt ist. Man möchte sagen: Es steht für etwas, was aus einer Schicht kommt und ihr zugehört, die ihr Gesicht, uns abgewandt, nach innen kehrt. Ein verborgenes Leben, das keinen Ausdruck hat, findet ihn im Symbol.

So ist das Symbol ein Schimmer der wirklichen Transzendenz. Das Symbol bedeutet nichts und teilt nichts mit, sondern lässt etwas sichtbar werden, was jenseits aller Bedeutung steht. Dieser Schimmer der Transzendenz kann aber in Schlüsselerlebnissen unseres Lebens aufleuchten, im mystischen Augenblick wird das unaussprechliche Geheimnis Gottes sichtbar. Das Unendliche leuchtet durch das Endliche und macht es mehr und nicht weniger wirklich.

In jedem Symbol stecken also ungeahnte Kräfte. Sie wollen entdeckt, erfahren und gelebt sein. Nach dem Abiturgottesdienst lag ein Bronzeengel allein im Körbchen. Lange Zeit stand er unbeachtet in einem Bücherregal. Doch eines Tages entdeckte ich ihn vor dem Kaninchenstall meiner Tochter Hannah. Der Marder hatte ein Kaninchen gerissen. Nun sollte der Engel das andere „bewachen" wie der Cherub das Paradies. Kinder kommen mit einem Symbolsinn zur Welt. Sie sind Meister des spirituellen Spürsinns. Der Bronzeengel ist ein Symbol für die guten Mächte, die Mensch und Tier auf ihrem Lebensweg schützend, bewahrend und begleitend unsichtbar zur Seite stehen.

Einige Zeit später erkrankte ein Familienmitglied schwer an Krebs. Da machte der Bronzeengel seine erste Reise. Verborgen in der Hand des Kranken begleitete er ihn auf allen Wegen der Krebsstation. Symbole schenken Mut, sie helfen heilen, haben eine therapeutische Funktion. Das Symbol bedarf keiner Erklärung. Wer sich dem Symbol gegenüber öffnet, der wird die heilende Kraft spüren, auf die es verweist.

In einer erlösten Welt wird es keine Symbole mehr geben. Deshalb münden die Erlösungswege der Religionen immer wieder in Stille und Schweigen. Vom Nirwana lässt sich auch in Symbolen nicht mehr sprechen, und der Sufi verstummt beim Anblick des Symbols der Rose, die auf den himmlischen Rosenhag verweist. Der Engel ist aus der Krebsstation zurückgekehrt, ganz blank poliert von den Fingern, die ihn hielten und denen er Halt gab.

Aus Wolff, Uwe: Welche Farbe hat die Himmelstür? Symbole der Weltreligionen für unsere Zeit gedeutet.
topos taschenbuch 786, S. 132 bis 137 (gekürzt).

Ein Angebot, das uns trägt

Die Zehn Gebote – wörtlich müssten wir übersetzen: „die Zehn Worte", weshalb man auch mit einem griechischen Fremdwort vom „Dekalog" spricht – fangen, wie wir alle wissen, mit den Worten an: „Ich bin der Herr, dein Gott". Und wir empfinden diese Worte seit jeher so, dass Gott uns vorab an seine unbezweifelbare Autorität erinnert, uns Gebote geben, von uns die Erfüllung seines Willens verlangen zu können. Das ist natürlich richtig. Aber ist es die ganze Wahrheit? Hätte hier nicht die Übersetzung des Guten zu viel getan, dann wären wir vielleicht schon längst darauf gestoßen. Anstelle der Worte „der Herr" steht nämlich im hebräischen Urtext das Wort „Jahwe". Der Satz lautet also eigentlich: „Ich bin Jahwe, dein Gott."

„Jahwe" aber bedeutet nicht „Herr", schon gar nicht im Sinne von Herrscher, Machthaber. Jahwe ist der „Eigenname" Gottes, den er, wie uns das Alte Testament schildert, dem Mose aus dem brennenden Dornbusch geoffenbart hat (Ex 3,14). Dieser „Eigenname" Gottes aber ist in der hebräischen Sprache ein ganzer Satz. Er lautet übersetzt: „Ich werde da sein, der ich da sein werde." Ein merkwürdiger Satz! Und doch gibt er, wie uns die Erforscher des Alten Testaments und die Kenner der hebräischen Sprache gezeigt haben, das Wichtigste wieder, was wir von Gott wissen müssen: Gott ist derjenige, der – so ist es gemeint – *für die Menschen und bei den Menschen „da sein"* wird. Man beachte dabei die Zukunftsform! Was auch kommt, Gott ist gegenwärtig. Der Name Gottes ist zuerst Angebot von Nähe in alle Zukunft und damit Aufruf zum Vertrauen.

In der Einleitung zu den Zehn Geboten wird das in unerhörter Weise unterstrichen, indem dieser Gott sagt: „Ich bin Jahwe, *dein* Gott." Der Mensch darf Gott tatsächlich wie sein Eigentum bezeichnen. Israel hat das mit großem Mut beim Wort genommen. „Jahwe ist mein Besitz und mein Anteil", lesen wir allen Ernstes in den Psalmen (Ps 16,5).

Immer wieder begegnen wir der Formel „»Jahwe, mein Gott", „Jahwe, unser Gott". Dieser *unser* Gott sagt uns nun seine „Zehn Worte". Kann das Last und Zwang bedeuten? Müssen wir uns nicht sagen: Das ist das Angebot wahren Lebens, das der Gott uns macht, der für uns da sein will?

Aus Pesch, Otto Hermann: Die Zehn Gebote.
topos taschenbuch 790, S. 10f.

Menschen, die uns tragen können

Die heilige Barbara

Eine großartige Frau – diese heilige Barbara! Aus Liebe zum dreifaltigen Gott ertrug sie alle Leiden und Qualen. Ihren Glauben bezahlte sie mit dem Leben. Alles, was sie tat, legte sie in Gottes Hand. Vielleicht ist darum die Geschichte der Heiligen bald so weit verbreitet worden.

Die heilige Barbara hat jedem von uns etwas zu sagen. Ihr Geheimnis war der lebendige Kontakt zu Gott, die innige Beziehung zu ihm, das Sich-Ausliefern an den Herrn auf Gedeih und Verderb. Die Heilige kann uns helfen, das Wort Jesu zu verwirklichen: „Wer mein Jünger sein will, nehme *sein* Kreuz auf sich und folge mir nach" (Mt 16,24).

Ein erfahrener Seelsorger hat einmal gesagt: „Es ist kaum zu glauben, was Gott aus einem Menschen machen kann, wenn der Mensch etwas aus sich machen *lässt*!" Barbara hat den Mut gehabt, sich auf Gott einzulassen. Und Gott hat sich ihrer bedient, um der Welt zu zeigen: So sieht Nachfolge Christi in letzter Konsequenz aus!

Barbara hat es fertiggebracht, alles loszulassen, zuletzt sich selbst. Sie hat zugelassen, was von Gott her auf sie zukam. Sie wusste: Gott verlässt niemand – auch nicht im Leid. Wer sich auf ihn ein-lässt, ist niemals ver-lassen. Es scheint höchstens so. Die Bibel nennt das schlicht und einfach „glauben".

Darum betet und bittet die Kirche im Tagesgebet am Fest der heiligen Barbara: „Allmächtiger Gott, du hast der heiligen Märtyrerin Barbara die Kraft gegeben, bis in den Tod dir treu zu bleiben. Im Vertrauen auf ihre Fürsprache bitten wir dich: Steh uns bei in jeder Not und Gefahr und stärke uns in der Todesstunde mit dem Leib und Blut deines Sohnes, unseres Herrn Jesus Christus!"

Auch mit dem folgenden Gebet zum Festtag der heiligen Barbara lädt uns die Kirche zum Mitbeten ein: „O Gott, unter all den Zeichen deiner Macht hast du auch dieses gewirkt: Schwachen Frauen gabst du den Sieg des Martyriums. In deiner Güte gewähre uns am Gedenktag deiner Blutzeugin, der heiligen Jungfrau Barbara, dass auch wir, von ihrem Beispiel entzündet, hinaufgelangen zu dir. Durch unseren Herrn Jesus Christus."

Quelle für Barbaras unerschütterliches Gottvertrauen und für ihre Fähigkeit, mit Leid und Folter so gut fertig zu werden, war das Gebet. Das Gebet, so berichtet die Legende, schenkte ihr Trost und innere Zufriedenheit, Heiterkeit und seelische Ruhe. Durch das Gespräch mit Gott war sie imstande, all dem Niederdrückenden und Negativen, das sie erfuhr, den richtigen Stellenwert zu geben.

So erhob Barbara immer wieder ihren Blick zum Himmel und betete: „Mein Gott, auf dich vertraue ich und auf dich verlasse ich mich!" Ohne dieses Sprechen mit Gott wäre Barbara nicht in der Lage gewesen, das zu ertragen, was sie bewundernswert ertragen hat. Ein großes Vorbild für uns alle – diese hl. Barbara!

Aus Abeln, Reinhard: Die heilige Barbara. Leben – Legenden – Bedeutung.
topos taschenbuch 768, S. 82 bis 84.

♦

Barbara (3. Jh.–306?) wurde als jungfräuliche Märtyrerin in Nikomedien (heute İzmit in der Türkei) verehrt. Um ihre Gestalt ranken sich zahlreiche Legenden, es gibt jedoch keine historischen Belege über ihre Lebensgeschichte. Der Überlieferung nach lebte sie als Tochter einer reichen heidnischen Familie im 3./4. Jh. noch zur Zeit der Christenverfolgung. Wegen ihrer Schönheit und Klugheit soll sie von vielen Männern umworben worden sein. Sie jedoch habe sich auf der Suche nach dem Sinn ihres Lebens an die verborgene Christengemeinde gewandt und sei Christin geworden. Der Vater soll sie daraufhin in einen Turm eingesperrt haben. Da sie aber nicht von ihrem Glauben abließ, habe er sie vor Gericht gebracht. Nach schrecklichen Foltern sei sie dann schließlich durch die Hand des Vaters enthauptet worden. Daraufhin habe ein Blitz den Vater erschlagen. Barbara zählt zu den Vierzehn Nothelfern. Nach einem alten Brauch werden an ihrem Gedenktag kahle Zweige („Barbarazweige") ins Wasser gestellt, sodass sie zu Weihnachten blühen – vielfach als Symbol gedeutet für das Leben, das in Jesus aus der „Wurzel Jesse" aufgeblüht ist. Sie ist u. a. die Patronin der Bergleute und der Artillerie.

Aus Baltes, Gisela / Hartmann, Gerhard / Stratmann, Maria Andrea: Mit den Heiligen von Tag zu Tag.
topos taschenbuch 771, S. 322f.

Der heilige Martin

Es begab sich an einem Wintertag vor den Toren von Amiens in Nordfrankreich. Martinus, ein römischer Soldat, erbarmt sich eines Bettlers, der ihm frierend die Hände entgegenstreckt. Er zieht ein Schwert hervor, durchtrennt seinen Mantel und schenkt dem Bedürftigen eine Hälfte. Diese Teilung ist die berühmteste Szene aus dem Leben des Heiligen, richtungsweisend für seinen weiteren, einen anderen Weg, und in der Kunst in unzähligen Variationen dargestellt. Ob Martin in Amiens auf einem Pferd gesessen, ob sich das Begebnis tatsächlich so und nicht anders abgespielt oder seinen Ursprung eher als Legende hat, mag niemand mehr zu sagen. Fest steht, dass die Geste des Martinus als Zeugnis uneingeschränkter Nächstenliebe überliefert ist, als Beispiel gebend, eine Notsituation zu erkennen und zu agieren, als Zeichen der Wohltätigkeit und Solidarität, mit den Armen, Schwachen, Unterdrückten zu teilen.

„Wohl dem Mann, der gütig und zum Helfen bereit ist", heißt es in Psalm 112. Wer hilft, ist ein Vorbild. Wer hilft, wird ein anderer. Das war zu Römerzeiten im 4. Jahrhundert nicht anders als heute. Martin ließ sich bald taufen und von den Pflichten der Armee entbinden, sein persönlicher Wandel war unaufhaltsam: vom militärischen Erfüllungsgehilfen zu einem handfesten Wohltäter, zum Leuchtboten des Evangeliums, zum Eremiten, Klostergründer und Bischof. Der Ruf seiner Hilfsbereitschaft und Nächstenliebe machte ihn als Patron der Armen, als Volksgeistlicher, als Nothelfer populär. Man verehrte ihn als „Beschützer aller Bedrängten" und als „Apostel der Touraine", eines Landstrichs in Mittelfrankreich, wo er im November 397 nach einem erfüllten Leben starb und in Tours seine letzte Ruhe fand. Martin, der „beliebteste Heilige in Europa", wie es in manchen Quellen heißt, lebte das Christsein konsequent vor. Er setzte Taten vor Worte. Er nahm seinen vorbestimmten Weg, seine Prüfungen an. Die Begegnungen mit anderen wurden ihm zu Begegnungen mit Gott, er blieb Zeit seines Lebens bescheiden, genügsam – und Mensch. Martins erster Biograf Sulpicius Severus und spätere Quellen wie die „Legenda aurea" des Jacobus de Voragine stellten seine Würde, seine Demut und Erbarmen heraus.

Martins Leben und Wirkungsgeschichte war bzw. ist außergewöhnlich. Er war ein Mann, der im Zeichen des Glaubens ein früher Reisender, ein Pendler durch Europa war und den Papst Benedikt XVI. mit den Worten charakterisiert hat: „Wie eine Ikone verdeutlicht er den unersetzlichen Wert des individuellen Liebes-Zeugnisses."

Für Papst Johannes Paul II., der sein Grab in Tours besuchte, war Martin ein „Mensch des Herzens", ein „Mensch der Gnade", der sich dem Beistand jener Armen annahm, die Gott auf seinen Weg stellte. „Für Martin war jeder Mensch heilig, in seiner Würde unverfügbar und unantastbar – ein unter keinen Umständen zu Verletzender", hat Bischof Gebhard Fürst über den Patron seiner Diözese Rottenburg-Stuttgart geschrieben und mit Blick in die heutige Zeit herausgestellt, dass Martin wie kaum ein anderer für die soziale, karitative Dimension der europäischen Kultur und Gesellschaft stehe. Erst geteiltes Menschsein sei wirklich ganzes Leben.

Ein Anstoß, ihn nachzufolgen

Güte.
Geradlinigkeit.
Charakterstärke.
Ein Blick für die Details.
Ein großer Gleichheits- und Gerechtigkeitssinn.
Vorgelebte Barmherzigkeit.
Emotionale Wärme.
Praktizierte Nächstenliebe.
All dies zeichnete den heiligen Martin aus und gibt unverändert Anstoß, ihm nachzufolgen, wie immer der Puls der Zeit auch schlagen mag.
Nicht wegschauen.
Keine Ausflüchte suchen.
Hinsehen.
Erkennen.
Zupacken.
Helfen.
Ohne Wenn und Aber.

Aus Drouve, Andreas: Der heilige Martin. Patron der Armen – Vorbild der Nächstenliebe.
topos taschenbuch 770, S. 9 bis 12 und 118.

♦

Martin (316–397) ist einer der ersten Nichtmärtyrer, die in der römischen Liturgie als Heilige verehrt wurden. Die Fakten über sein Leben sind z. T. umstritten. Martin wurde in Sabaria (Steinamanger, heute Szombathely, Westungarn) als Sohn eines römischen Tribunen geboren. Mit 15 Jahren trat er auf den Wunsch seines Vaters in den Heeresdienst bei der berittenen kaiserlichen Garde in Gallien ein. Nach einer Legende soll er am Stadttor von Amiens einem frierenden Bettler die Hälfte seines Umhangs gegeben haben. Daraufhin soll ihm Christus im Traum erschienen sein, um ihm für den Mantel zu danken. Mit 18 Jahren ließ Martin sich taufen. Nach der Beendigung seines Militärdienstes wurde er Schüler des Hilarius von Poitiers. Der Versuch, in seiner Heimat zu missionieren, hatte wenig Erfolg. Darauf lebte er einige Jahre als Einsiedler. 360 ging er wieder nach Poitiers und gründete 361 in Ligugé das erste Kloster Galliens. 370/71 wurde er gegen seinen Willen zum Bischof von Tours gewählt. Es wird berichtet, Martin habe auf die Privilegien seines Amtes verzichtet und in einer der armseligen Holzhütten vor der Stadt gewohnt. Dort entstand das Kloster Marmoutier, das zu einem bedeutenden religiösen Mittelpunkt wurde. Martin missionierte mit großem Einsatz die heidnische ländliche Bevölkerung. Ihm gelang die seltene Verbindung asketischer Ideale mit großem apostolischem Sendungsbewusstsein. Er wurde zu einem volkstümlichen Heiligen, dessen Verehrung sich vor allem im letzten Drittel des 20. Jhs. vor allem durch Bräuche bei Kindern (Martinszüge) steigerte. Er ist Landespatron des Burgenlands.

Aus Baltes, Gisela / Hartmann, Gerhard / Stratmann, Maria Andrea: Mit den Heiligen von Tag zu Tag.
topos taschenbuch 771, S. 300.

Die Bedeutung des heiligen Nikolaus

Der leider allzu früh verstorbene Wiener Weihbischof Florian Kuntner hat die Bedeutung des heiligen Nikolaus einmal so formuliert: „Obwohl das, was den heiligen Nikolaus bei uns so bekannt gemacht hat, zumeist auf Legenden zurückzuführen ist, ist er für uns von einer ganz großen Bedeutung. Er symbolisiert auf anschauliche Art und Weise, was Kirche in ihrem Wesen ist: Sie ist für die Notleidenden da. Und darum ist die Gestalt des heiligen Nikolaus auch heute noch sehr wichtig. Ein Kind zum Beispiel erfährt ja, worauf es im Leben ankommt: dass man das Gute tut, dass man das Gute selbstlos tut und dass man sich beschenkt weiß."

Nikolaus liebte seine Mitmenschen über alles. Vor allem im Dienst an den bedürftigen, kranken und armen Menschen sah er seine Hauptaufgabe als Bischof von Myra. Mit anderen Worten: Nikolaus war ein Mensch mit Herz. Er hat Menschen geholfen, die in Not waren. Er hat denen, die Hunger hatten, Brot gegeben. Er hat den Armen Geschenke gemacht. Er hat die Traurigen getröstet. Besonders hat er die Kinder geliebt und sie in sein Herz geschlossen.

In ihrem Gedicht „Nikolaustag" beschreibt Hermine König den heiligen Nikolaus mit folgenden Worten:

„Hier gab er das nöt'ge Geld,
dort ein tröstend Wort;
obwohl er nicht dazu bestellt,
fand er der Sorgen Ort.

Er sah mit seinem Herzen gut,
wie Jesus einst getan.
Schenkt vielen Menschen neuen Mut:
Da fing das Leben an."

Keiner wusste besser als Nikolaus, dass das Leben ohne Herz nicht lebenswert ist. Darum schenkte er nicht nur sein eigenes Herz an Menschen, die in Not waren, sondern er forderte auch seine Mitmenschen auf, ihr Herz an andere zu verschenken.

Dem Beispiel von Bischof Nikolaus folgend, sollten auch wir uns fragen: Welcher Mensch braucht meine Hilfe? Wem kann ich helfen – in der Familie, in der Nachbarschaft, im Beruf, im Krankenzimmer? Richtschnur unseres Handelns sollte immer ein Wort des französischen Schriftstellers Antoine de Saint-Exupéry (1900–1944) sein: „Man sieht nur mit dem Herzen gut. Das Wesentliche ist für die Augen unsichtbar."

Was könnte unsere Zeit mehr brauchen als eine Leitfigur wie den heiligen Nikolaus von Myra? Der Heilige kann uns – selbst nach über 1600 Jahren – zeigen, was unsere Welt heute braucht: Menschen, die sich an andere verschenken, weil sie Gott lieben. Manfred Becker-Huberti schreibt: „Nikolaus, das ist einer, der anderen vorgemacht hat, wie man vor Gott gerecht oder heilig wird. Besitz dient ihm nicht zur Repräsentation oder Macht, sondern ist ein geliehenes Geschenk Gottes, das dann Früchte bringt, wenn man es weitergibt."

Laut dem Evangelium nach Matthäus spricht Jesus beim Jüngsten Gericht zu den Gerechtfertigten: „Ihr habt mir zu essen und zu trinken gegeben; ihr habt mich beherbergt und bekleidet; ihr habt mich besucht in meiner Krankheit und ihr seid zu mir ins Gefängnis gekommen." Das ist eine deutliche und mahnende Sprache. Sie erinnert an das, was im Leben wirklich wichtig und was weniger wichtig ist.

Das Tun des heiligen Nikolaus erinnert uns daran, nicht nur an unser eigenes Wohlergehen zu denken, sondern auch darauf zu achten, wie es den Menschen um uns herum geht. Nikolaus hat uns gezeigt, dass wir nicht die Augen vor der Not unserer Mitmenschen verschließen sollen. Wenn wir bemerken, dass es anderen nicht gut geht, sollen wir versuchen, ihnen zu helfen und so ihre Not zu lindern.

Ein schönes Kindergebet zum Nikolausfest kann auch manchen Erwachsenen zum Nachdenken und Mitbeten einladen:

„Lieber Gott, damals, als Nikolaus lebte, gab es viel Armut und Not in seinem Land. Viele Menschen mussten sterben, denn es gab kein Brot. Bischof Nikolaus hat geholfen, wo er konnte. Er wusste: Du, Gott, willst, dass wir Menschen uns gegenseitig froh machen. Auch heute gibt es Menschen, die unsere Hilfe brauchen. Nicht alle haben genug zu essen. Viele sind traurig und einsam, haben große Sorgen. Lieber Gott, wenn wir das Nikolausfest feiern und uns gegenseitig Freude machen, wollen wir die vielen Menschen nicht vergessen, die Hilfe brauchen. Hilf du ihnen und zeige auch uns, was wir tun können! Amen."

Aus Abeln, Reinhard: Der heilige Nikolaus. Leben – Legenden – Bedeutung.
topos taschenbuch 769, S. 76 bis 85 (gekürzt).

♦

Nikolaus (270?–342?) wird im Osten und im Westen als einer der beliebtesten Volksheiligen verehrt. Über sein Leben wissen wir nur wenig Zuverlässiges, da Legenden, Brauchtum und Geschichte sich überlappen. Nach einer historisch nicht belegbaren Lebensgeschichte aus dem 6. Jh. war Nikolaus in der ersten Hälfte des 4. Jhs. Bischof von Myra (heute Demre, Türkei). Während der Christenverfolgungen soll er gefangen genommen und gefoltert, später aber wieder freigelassen worden sein. Zahlreiche Legenden schildern ihn als Retter aus Notlagen. Während einer Hungersnot soll er Getreide beschafft haben. Nach einer anderen Legende hat er drei Mädchen zu einer Mitgift verholfen, indem er Geld in die am Kamin aufgehängten Strümpfe warf. Er wird in allerlei Notlagen angerufen und als Gabenbringer für die Kinder gefeiert. Noch mehr als der hl. Martin ist Nikolaus ein fester Bestandteil des vorweihnachtlichen Brauchtums für Kinder geworden, der ihnen, von Haus zu Haus gehend, Gaben bringt, gelegentlich begleitet vom Knecht Ruprecht bzw. dem Krampus. In neuerer Zeit „degenerierte" er auch zum Weihnachtsmann.

Aus Baltes, Gisela / Hartmann, Gerhard / Stratmann, Maria Andrea: Mit den Heiligen von Tag zu Tag.
topos taschenbuch 771, S. 326..

Mit Johanna von Orléans im Gespräch

Die Gestalt dieses ungewöhnlichen Bauernmädchens hat die Menschen seither nicht mehr losgelassen. Nur vier Jahre später, in Gegenwart der Mutter, ihrer Patinnen und vieler Nachbarinnen und Nachbarn, bekommt Jeanne d'Arc, wie sie – nach ihrem Vater – auch genannt wird, einen Rehabilitationsprozess. Es ist zu offensichtlich, dass bei ihrer Verhandlung nicht alles mit rechten Dingen zugegangen ist.

Fast fünfhundert Jahre später, im Mai 1920, wird sie von Papst Benedikt XV. sogar heiliggesprochen.

Johannas Geschichte ist unglaublich. Irgendwo im tiefsten Frankreich des 15. Jahrhunderts lässt sich ein einfaches, ungebildetes Mädchen auf etwas Waghalsiges ein. Nicht stürmisch, nicht laut, sondern Schritt für Schritt. Stillschweigend lebt sie lange Zeit mit einer geheimnisvollen Erfahrung: angesprochen zu sein von einem vielstimmigen Himmel, Beachtung zu finden inmitten ihrer Einfachheit und bestimmt zu werden für eine große Herausforderung. Mich interessiert nicht nur die kurze Zeit von Johannas öffentlichem Auftreten, mich interessieren auch diese Jahre, in denen Johanna „ihre Stimmen" nur in sich selbst trägt. Wie ging sie mit so etwas ganz Eigenem, Unbemerktem und ganz und gar Erstaunlichem um? Wie fühlte sich ihr Leben an, das aus der Kindheit ebenso unvermittelt herausgefallen war wie aus aller dumpfen Alltäglichkeit? Johanna ist buchstäblich an dieser Erfahrung gewachsen, groß geworden und irgendwann entschlossen genug gewesen, den Auftrag, den sie inzwischen auch ausmachen konnte, gegen jeden gesunden Menschenverstand und jede Autorität in die Tat umzusetzen. Mutig und klug genug scheint sie gewesen zu sein. Die Stimmen haben sich also ganz offensichtlich an die Richtige gewandt. Oder wäre auch jede andere an ihnen gewachsen?

In Johannas Geschichte mischt sich allerdings ein übler Beigeschmack: Es geht um Krieg, es geht um Sieg über andere Menschen, notfalls mit Gewalt. Man gewinnt beim Lesen ihrer eigenen Aussagen zwar an keiner Stelle den Eindruck, sie habe den Krieg gemocht. Auch sie kämpft innerlich mit dem Blutvergießen und ist über weite Strecken ratlos, ob Gott den Tod der englischen Soldaten wohl wollen könnte. Aber sie stellt sich dennoch auf den Schlachtfeldern sehr geschickt an, der Herzog von Alençon sagt im Rehabilitationsprozess einmal nicht ohne Bewunderung: „Johanna war einfach und jung, aber das Kriegshandwerk verstand sie!"

Johanna hat eine Lösung, die sie das martialische Geschehen ohne Gotteszweifel aushalten lässt: Die Engländer sind Eindringlinge, sie haben ihr von Gott zugewiesenes Gebiet verlassen und wollen gewaltsam mehr. Es ist nur recht und damit auch gut, wenn sie zurückgedrängt werden. Deshalb kann Johanna sich so sicher sein, dass Gott auf ihrer und Frankreichs Seite ist. Zumindest bis die Engländer die Belagerung Frankreichs aufgeben.

Ich bin allerdings froh, dass sie sich dem Krieg und dem Töten gegenüber distanziert: Auf die Frage des Domherren, ob ihr ihre Fahne, die die Namen „Jesus" und „Maria" ziert und die dem Heer vorausgetragen wurde, lieber gewesen sei oder aber ihr Schwert, antwortet sie ohne Umschweife: „Meine Fahne. Sie war mir viel lieber – hundertmal lieber als das Schwert. Ich trug meine Fahne selbst wenn ich angriff; ich wollte vermeiden, einen Menschen zu töten. Niemals habe ich einen Menschen getötet."

Aber auch wenn ich mich schwer tue mit dem militärischen Grundton in ihrer Geschichte, ich komme nicht umhin, darüber zu staunen, welche Kräfte und Möglichkeiten frei werden, wenn eine sagen kann: Ich weiß genau, hier ist Gott am Werk. Und ich helfe ihm, so gut ich kann. Letztlich ist es das, was Johanna tut.

Und doch geht diese Geschichte weiter. Denn mit der Zustimmung zu Gottes Auftrag ist es nicht geschehen. Johanna ist nicht einfach eine mutige Ausführende, sie muss weit mehr sein. Oder werden. Insofern wächst sie nicht nur mit ihren Stimmen, sie wächst sogar über sich inaus. Denn so einfach ist es nicht mit den göttlichen Aufträgen auf Erden. Es gibt in ihrer Geschichte ein paar Monate lang Erfolge, das ist sicher: Im Mai 1428 taucht Johanna in Vaucouleurs auf, sie rüstet sich für ihre Reise zum Kronprinzen, da kennt sie noch niemand. Übers Jahr, Ende Februar oder Anfang März 1429, erreicht sie den Dauphin und von den darauffolgenden glanzvollen Wochen haben wir gehört. Aber im nächsten Frühling schon, im Mai 1430, wird sie gefangengenommen, im November den Engländern ausgeliefert, im Februar 1431 beginnt ihr Prozess. Wieder im Mai, es ist immer noch 1431, ist sie bereits tot. Nur gut zwei Jahre steht sie im Licht der Öffentlichkeit, die Hälfte dieser Zeit verbringt sie im Gefängnis.

Und genau darauf will ich hinaus. Johanna erlebt mehr als die Herausforderung der göttlichen Ansprache. Sie erlebt auch, was es heißen kann, an diesem göttlichen Auftrag festzuhalten. Damit gerät sie in einen gefährlichen Konflikt, sie sieht ihn klar auf sich zukommen, aber sie weiß offensichtlich ebenso klar, was zu tun ist: „Wenn mir die Kirche gebieten wollte, das Gegenteil von dem zu tun, was Gott mir aufgetragen hat, so könnte ich niemals gehorchen."

Es ist ein altes Thema und es hat viele Menschen das Leben oder den Glauben an sich selbst und an Gott gekostet. Wem gilt es zu gehorchen und welche Stimme ist die richtige? Johanna ist selbst oft unsicher, doch an der Würde, die ihr durch die Stimmen der Heiligen verliehen wurde, vermag sie bis in die dunkelsten Stunden hinein festzuhalten: „Wenn ich in der Sünde wäre, käme die Stimme nicht, denke ich 2, sagt sie dem Tribunal – und vielleicht auch sich selbst.

Fast ebenso wie ihr Mut, den Stimmen zu folgen und vor den König und in den Krieg zu ziehen, beeindruckt mich an Johanna ihr inneres Überleben in diesem halben Jahr Gefängnis.

Es ist ein Vielfaches an äußerer Bedrohung für sie: Das Tribunal, allen voran der englandfreundliche Bischof, will sie überführen, nicht retten, und so gleichen die gelehrten Herren eher Fallenstellern als Wahrheitssuchenden.

Den Wächtern im Kerker gilt sie als leichte Beute, ist Freiwild. Das Schlimmste aber ist der Versuch so vieler, sie an sich selbst zweifeln zu lassen. So muss die junge Frau zu guter Letzt tatsächlich über sich hinauswachsen: nicht allein, indem sie auf einem Pferd den Weg zum König sucht, nicht allein, indem sie ein Heer anführt und der Rolle der Heldin eines verzweifelten Volkes standhält, sondern indem sie »ihren Stimmen« auch inmitten verwirrender Fragen und Todesangst unerschütterlich treu bleibt. Kurz vor ihrem Tod, als sie bereits einmal auf dem Gerüst über dem Scheiterhaufen gestanden und den Widerruf trotzdem zurückgenommen hat, fragt der Bischof sie noch einmal: „Ihr glaubt, dass Eure Stimmen von der Heiligen Katharina und von der Heiligen Margareta kommen?" Und sie antwortet ihm fest: „Ja, und von Gott."

Martina Kreidler-Kos in Kreidler-Kos, Martina (Hg.): Von wegen von gestern! Die Lebenskunst großer Frauen.
topos taschenbuch 799, S. 57 bis 61 (gestrafft)..

♦

Johanna von Orléans (Jeanne d'Arc) (1412?–1431) wurde in Domrémy, dem heutigen Domrémy-la-Pucelle in Lothringen, als Tochter eines Bürgermeisters geboren. Ab dem 13. Lebensjahr hörte sie Stimmen, Frankreich von den Engländern zu befreien und dem französischen König zu Hilfe zu eilen. Es war das die Zeit des Hundertjährigen Krieges, in dem England die Oberherrschaft in Frankreich erreichen wollte. Bis zu ihrem 17. Lebensjahr hielt sie diese Audio-Visionen geheim, dann begab sie sich zum Dauphin (Kronprinz), dem späteren König Karl VII. Der ließ sich schließlich von der Mission Johannas überzeugen. Es gelang ihr, die demoralisierten französischen Soldaten aufzurichten und Orléans zu befreien. Weitere militärische Erfolge fügten sich an, und am 17. Juli 1429 konnte sie mit dem Dauphin in Reims einziehen, der dann dort gekrönt wurde. Intrigen am Hof führten dazu, dass Johanna von den Engländern 1430 verhaftet werden konnte. Sie wurde von einem Inquisitionsgericht zum Tode verurteilt und am 30. Mai 1431 in Rouen auf dem Scheiterhaufen verbrannt. Bereits 1456 hob Papst Calixtus II. das Urteil auf. Doch erst im 19. Jh. lebte der Kult um die französische Nationalheilige wieder auf.

Aus Baltes, Gisela / Hartmann, Gerhard / Stratmann, Maria Andrea: Mit den Heiligen von Tag zu Tag.
topos taschenbuch 771, S. 143..

Don Bosco – Priester und Erzieher

Die Turiner nannten Don Cafasso den Galgenpriester", weil er auch in die Gefängnisse ging, um dort den Gefangenen Beistand zu leisten. Wurde einer zum Tode verurteilt, so bestieg Don Cafasso mit ihm den Henkerskarren, setzte sich zu ihm und stand ihm bis zur Hinrichtung bei.

Eines Tages wurde Don Bosco von Don Cafasso eingeladen, ihn ins Gefängnis zu begleiten. Die dunklen Korridore, die schwarzen und feuchten Mauern und die traurigen Gesichter der Gefangenen erschütterten ihn zutiefst. Er empfand Abscheu und hatte das Gefühl, ersticken zu müssen.

Was ihn aber am schmerzlichsten traf, war der Anblick von Jugendlichen, die zum Teil noch halbe Kinder waren und trotzdem schon im Kerker saßen. Er schrieb: „Eine so große Anzahl Jugendlicher zwischen zwölf und achtzehn Jahren anschauen zu müssen, die gesund, aufgeweckt und kräftig sind und nun untätig, von Ungeziefer zerstochen und nach geistiger und materieller Nahrung schmachtend, das ließ mich erschaudern."

Er ging in der Folge öfters mit Don Cafasso dorthin, aber auch alleine, und versuchte, mit den Gefangenen auch ganz privat zu reden und ihnen nicht nur Katechese zu geben. Anfangs waren die Reaktionen entmutigend, und er musste schwere Beleidigungen einstecken. Nach und nach aber verschwand das Misstrauen der Gefangenen, und es gelang ihm, als Freund mit ihnen zu sprechen. So erfuhr er ihre traurigen Vorgeschichten und verstand ihre Niedergeschlagenheit und ihre Aggression, die sie manchmal rasend machte. Das am weitesten verbreitete „Delikt" war Diebstahl. Aus Hunger hatten die Jugendlichen gestohlen oder, wenn sie etwas haben wollten, was über den kargen Lebensunterhalt hinausging, auch aus Neid auf die Reichen, die sie ausbeuteten und dann im Elend ließen.

„Was mich am meisten erschütterte," schrieb Don Bosco später, „war, dass viele, die aus der Haft entlassen wurden, entschlossen waren, ein anderes Leben zu führen", vielleicht auch nur aus Furcht vor dem Gefängnis. „Aber nach kurzer Zeit landeten sie doch wieder dort." Er versuchte, den Grund dafür zu finden und kam zu dem Schluss: „Weil sie auf sich selbst gestellt sind, versagen sie." Sie hatten keine Familie oder wurden von ihren Angehörigen zurückgewiesen, weil das Gefängnis sie „für immer in Schande gebracht hatte".

„Ich dachte mir: Diese Jugendlichen müssten einen Freund finden, der sich ihrer annimmt, ihnen beisteht, sie unterweist, sie sonntags in die Kirche führt. Dann würden sie nicht mehr ins Gefängnis zurückkehren."

Von Tag zu Tag gelang es ihm besser, die Jugendlichen als Freunde zu gewinnen. „Nach und nach ließ ich sie ihre Menschenwürde spüren", berichtete er. „Sie wurden froh darüber und beschlossen, anders zu werden." Oft aber wurden sie rückfällig und kamen wieder ins Gefängnis. Dann waren ihre Gesichter verschlossen. Sie sprachen voller Sarkasmus Lästerungen aus, und es gelang Don Bosco nicht immer, seine Entmutigung zu unterdrücken. Eines Tages brach er in Tränen aus. Es war ein Augenblick der Unsicherheit. „Warum weint dieser Priester?", fragte einer. „Weil er uns mag. Auch meine Mutter würde weinen, wenn sie mich hier sehen würde."

Nachdem er das Gefängnis an diesem Tag verlassen hatte, stand für ihn fest: „Es muss um jeden Preis verhindert werden, dass diese Jungendlichen, die noch so jung sind, im Gefängnis landen. Ich will der Retter dieser Jugend sein." „Das sagte ich dann Don Cafasso", erinnerte sich Don Bosco später. „Und mit seiner Hilfe suchte ich nach dem richtigen Weg, um diesen Wunsch in die Tat umzusetzen."

Der erste, noch zarte Keim zum Werk Don Boscos wurde am Morgen des 8. Dezember 1841 gelegt. Es war im selben Jahr, in dem Don Cocchi, das erste Oratorium in Turin eröffnet hatte. Später beschrieb Don Bosco den Vorfall folgendermaßen: „Am Festtag der Unbefleckten Empfängnis Mariens war ich in der Sakristei und zog gerade die Messgewänder an, als ich eine Unruhe bemerkte. Der Küster Giuseppe Comotti sah in einer Ecke einen Jugendlichen stehen und forderte ihn auf, bei der Messe zu dienen. ‚Das kann ich nicht', sagte dieser beschämt. ‚Jetzt komm', sagte der Küster. ‚Ich will, dass du ministrierst.' ‚Ich kann es nicht', wiederholte der Jugendliche. ‚Ich habe das noch nie getan.' ‚Du Esel,' schrie Comotti wütend, ‚wenn du nicht ministrieren kannst, warum treibst du dich dann hier herum?' Dabei griff er nach dem Staubwedel und schlug mit dessen Stange auf die Schultern und den Kopf des Jugendlichen ein. Dieser lief schreiend davon.

‚Was macht Ihr?', rief ich. ‚Warum schlagt Ihr ihn?' ‚Weil er in die Sakristei kommt und nicht ministrieren kann.' ‚Das war Unrecht von Euch.' ‚Geht Sie das etwas an?' ‚Ja, denn er ist einer meiner Freunde. Ruft ihn sofort zurück. Ich muss mit ihm sprechen.'"

Der Junge kam ganz verängstigt zurück. Er hatte kurzes Haar und trug eine vom Mörtel schmutzige Jacke, war also ein Zugezogener. Wahrscheinlich hatten seine Angehörigen gesagt, er solle, wenn er nach Turin komme, in die Messe gehen. In die Sakristei war er vielleicht gekommen, weil er es nicht gewagt hatte, zusammen mit den gut gekleideten Leuten in die Kirche zu gehen – es war ja ein hoher Festtag. So hatte er es durch die Sakristei versucht, wie es die Männer und Burschen in den Dörfern auf dem Land gewohnt waren.

Don Bosco erzählte weiter: „Ich fragte ihn freundlich: ‚Warst du heute schon in der Messe?' ‚Nein.' ‚Dann komm doch mit. Nachher werde ich dir etwas sagen, was dir Freude machen wird.' Er versprach zu kommen. Nach der Messe führte ich ihn in eine kleine Seitenkapelle und fragte ihn ganz freundlich: ‚Mein lieber Freund, wie heißt du denn?' ‚Bartolomeo Garelli.' ‚Woher kommst du?' ‚Aus Asti.' ‚Was arbeitest du?' ‚Maurer.' ‚Lebt dein Vater noch?' ‚Nein, er ist gestorben.' ‚Und deine Mutter?' ‚Sie ist auch gestorben.' ‚Wie alt bist du?' ‚Sechzehn.' ‚Kannst du schreiben?' ‚Nein.' ‚Kannst du singen?' Der Junge wischte sich die Augen aus, schaute mich ein wenig verwundert an und sagte: ‚Nein.' ‚Kannst du pfeifen?' Bartolomeo lachte. Das war es, was ich wollte. Wir begannen Freunde zu werden. ‚Warst du schon bei der Erstkommunion?' ‚Noch nicht.' ‚Hast du schon einmal gebeichtet?' ‚Ja, als ich noch klein war.' ‚Und gehst du zum Katechismusunterricht?' ‚Ich trau mich nicht. Die anderen Jungen sind viel kleiner als ich, und dann lachen sie mich aus …' ‚Wenn ich dir eigens, also ganz allein, Unterricht geben würde, würdest du dann kommen?' ‚Sehr gern.' ‚Auch hierher?' ‚Wenn ich nicht geschlagen werde.' ‚Sei ganz ruhig, jetzt bist du mein Freund, und niemand wird dich anrühren. Wann willst du anfangen?' ‚Wann Sie wollen.' ‚Auch sofort?' ‚Mit Freude!'"

Don Bosco kniete nieder und betete ein „Gegrüßet seist du, Maria". 45 Jahre später wird er zu seinen Salesianern sagen: „Aller Segen, den wir vom Himmel erhalten haben, ist die Frucht dieses ersten ‚Ave Maria', das ich mit Eifer und in rechter Absicht gebetet habe."

Nach dem Gebet machte Don Bosco das Kreuzzeichen, um mit dem Katechismusunterricht zu beginnen. Dabei bemerkte er, dass Bartolomeo eine Geste machte, die nur ungefähr an ein Kreuzzeichen erinnerte, denn er konnte es nicht. Nun zeigte Don Bosco es ihm ganz freundlich und erklärte ihm im Dialekt (beide stammten ja aus der Provinz Asti), warum wir Gott „Vater" nennen. Am Schluss sagte er zu ihm: „Ich würde mich freuen, wenn du nächsten Sonntag wieder kommen würdest, Bartolomeo." „Gern." „Aber komm nicht allein, sondern bring deine Freunde mit!"

Bartolomeo Garelli, der kleine Maurerlehrling aus Asti, war der erste Bote Don Boscos unter den Jugendlichen seines Stadtviertels. Er erzählte ihnen von seiner Begegnung mit dem freundlichen Priester, „der auch pfeifen konnte", und sprach von seiner Einladung. Vier Tage darauf war Sonntag. Neun Jungen kamen in die Sakristei. Sie kamen, um „Don Bosco zu sehen". Sein Oratorium war geboren.

Aus Bosco, Teresio: Don Bosco. Priester und Erzieher.
topos taschenbuch 792, S. 108 bis 113 (gekürzt).

♦

Johannes (Giovanni) Bosco (1815–1888), besser bekannt als „Don Bosco", stammte aus armen Verhältnissen und musste große Schwierigkeiten überwinden, um Priester werden zu können. Er widmete sein Leben der Erziehung verwahrloster Kinder und Jugendlicher. Dabei wirkte er richtungweisend für die Erneuerung des Bildungswesens in Italien und in Südamerika. Zur Förderung benachteiligter Jugendlicher gründete er 1846 das Oratorium vom hl. Franz von Sales, 1859 die „Salesianer Don Boscos", 1872 mit Maria Domenica Mazzarello die „Kongregation der Töchter Mariä, Hilfe der Christen" (Mariahilf-Schwestern, Salesianerinnen Don Boscos), die sich der Mädchenerziehung widmete. Er errichtete Schulen aller Art. Das Vertrauen der jungen Menschen gewann er nicht zuletzt durch seine fröhliche Art und seine große Einfühlungsgabe. Sein Werk breitete sich in der ganzen Welt aus. Papst Johannes Paul II. erklärte ihn anlässlich der Hundertjahrfeier seines Todes zum „Vater und Lehrer der Jugend". Er ist Patron der katholischen Verlage und der Jugend.

Aus Baltes, Gisela / Hartmann, Gerhard / Stratmann, Maria Andrea: Mit den Heiligen von Tag zu Tag.
topos taschenbuch 771, S. 34.

Ein Bischof zwischen Tod und Leben

Unser Protest, unsere beharrliche Anklage der Gewalt und Verletzung der Grundrechte hat bewirkt, dass unsere Anliegen und Forderungen endlich Beachtung finden. Bislang fühlten wir uns oft im Stich gelassen, im Abseits, fern von den Schalthebeln der Politik. Wer unsere dramatische Realität nur oberflächlich oder gar nicht kennt, kann keine Entscheidungen fällen, die den Bedürfnissen des Volkes Rechnung tragen. Vertreter wichtiger Behörden haben das Gespräch mit uns gesucht, einen Dialog eröffnet. Weitere

Schritte und Maßnahmen müssen folgen. Von heute auf morgen sind historisch gefestigte Strukturen und Ungerechtigkeiten nicht aus der Welt zu schaffen. Das ist nicht zu erwarten. Doch am Horizont erscheinen erste Funken, die sich hoffentlich bald zu breiten Silberstreifen entwickeln.

Im Fall der Morddrohungen gegen mich „gibt es keine entscheidende Wende", teilt mir der Leiter der Bundespolizei von Pará Ende Jänner 2009 in Belém mit. Die sorgfältige Betrachtung und Vergleiche von Belegen sowie Zeugenaussagen lassen ein Konsortium hinter allen Angriffen gegen meine Person vermuten. Der Grund ihrer bösartigen Kampagne sei wahrscheinlich meine Ablehnung des Kraftwerkes Belo Monte. Infolge der bisherigen Erkenntnisse „müssen die Sicherheitsvorkehrungen beibehalten werden", bedauert der Polizeichef.

Der polizeiliche Schutz, rund um die Uhr, innerhalb des Gebietes der Prälatur dauert bis heute an. Ich kann nicht absehen, wann die Sicherheitsbehörden den Soldaten die Order erteilen: „Die Mission ist beendet!", und wann ich mich wieder uneingeschränkt an jedem Ort und zu jeder Zeit frei bewegen kann. Ich weiß nur, dass Gott mit mir ist. „Der Herr ist bei mir, ich fürchte mich nicht. Was können Menschen mir antun?" (Ps 118, 6)

Diese Zuversicht wird gestärkt durch die liebevolle Zuwendung, die mir das Volk Gottes am Xingu entgegenbringt. Unsere kirchlichen Basisgemeinden sind Perlen der Erfahrung des Glaubens, der Ort, wo Kirche lebt.

Anstrengung, Müdigkeit und Gefahr verblassen,
wenn ich nach Stunden
auf staubigen oder schlammigen Straßen,
bei brennender Sonne oder sintflutartigem Regen,
durch gefährliche Stromschnellen
oder an Untiefen vorbei,
bei meiner Ankunft in die leuchtenden Gesichter
der wartenden Menge blicke.

Anfeindung, Verfolgung und Bedrohung sind vergessen,
wenn mich Frauen und Männer,
Kinder und Jugendliche
herzlich wie einen Bruder umarmen,
wenn mir besorgte Kleinbauern
ihr bekümmertes Herz ausschütten.

Bedrückung, Mutlosigkeit und Kummer entschwinden,
wenn mir ein Kazike den Federschmuck
auf den Kopf setzt und sagt:
„Dom Erwin ist unser Verwandter."

Kraft und Mut, Hoffnung und Vertrauen
wachsen in mir,
wenn ich mit dem Volk die Gegenwart Gottes erfahre,
bei der Feier der Eucharistie,

bei der Meditation der Frohen Botschaft
und beim gemeinsamen festlichen Mahl.

„Was kann uns scheiden von der Liebe Christi?
Bedrängnis oder Not oder Verfolgung,
Hunger oder Kälte, Gefahr oder Schwert?
All das überwinden wir durch den, der uns geliebt hat.
Weder Tod noch Leben, weder Gegenwärtiges noch
   Zukünftiges, (…)
können uns scheiden von der Liebe Gottes,
die in Christus Jesus ist, unserem Herrn."
(Röm 8,35.37–39)

Aus Kräutler, Erwin: Rot wie Blut die Blumen. Ein Bischof zwischen Tod und Leben.
topos taschenbuch 778, S. 139 bis 141.

Trauer will getragen werden

Spuren kleiner Füße

Sie werden „Schmetterlingskinder", „Sternenkinder" oder auch „Himmelskinder" genannt. Es sind Kinder, die sehr früh sterben, viele schon im Mutterleib, meist in den ersten zwölf Schwangerschaftswochen. Den Eltern ist es dann nicht gegönnt, auch nur einen Schrei ihres Kindes zu hören oder ein Lachen ihres Kindes sehen.

Die Kinder werden in einer stillen Geburt geboren. Da ist kein erster Schrei des Babys, keine Freude der Eltern, kein Glückwunsch der Hebamme. Da ist oft nur betroffenes Schweigen und große Trauer. Im englischen Sprachraum werden diese Kinder daher „stillborn children" genannt.

Es sind vollständige Kinder, die tot geboren werden. An ihnen ist alles dran: Augen, Ohren, Nase, Mund, sogar die Finger- und Fußnägel. Auch die inneren Organe sind seit der 12. SSW alle angelegt. Nichts fehlt. Diese Kinder hätten nur noch wachsen müssen.

Eltern von stillgeborenen Kindern machen in den Stunden, Tagen, Wochen und Jahren nach dieser erschütternden Nachricht des Todes ihres Kindes Schweres durch. Betroffene fühlen sich wie im freien Fall, der nicht endet, wie in einem schlechten Traum, aus dem man nur aufwachen müsste, wie in einem Horrorfilm, in dem man gleichzeitig die Hauptrolle spielt und Zuschauer ist.

Der Tod kommt normalerweise doch erst Jahrzehnte nach der Geburt, kommt im hohen Alter, mit Krankheit und Siechtum. Aber alle bisherige Sicherheit ist wie weggewischt. Nichts scheint mehr sicher zu sein. Die Kinder starben vor ihren Eltern und Großeltern. Wenn solche Lebensbilder erschüttert werden, was ist dann im Leben noch sicher? So fragen sich viele Betroffene.

Aus Schäfer, Klaus: Spuren kleiner Füße. Erste Hilfe nach dem Tod eines Kindes.
topos taschenbuch 775, S. 9 bis 10 (gekürzt).

♦

Antonius erbat sich von Gott Aufklärung darüber, warum kleine Kinder stürben, während so viele Alte am Leben blieben; warum Ehrliche arm seien und Schlechte reich würden, warum Fromme unter Krankheiten zu leiden haben, während Böse gesund seien. Da erhielt er die Antwort: „Antonius, kümmere dich um dich selbst, denn diese Dinge beurteilt allein Gott."

Aus Die Wüstenväter: Sag mir ein gutes Wort. Gedanken für jeden Tag.
Ausgewählt und herausgegeben von Bonifaz Miller OSB.
topos taschenbuch 796, 20. März

Tod und Unsterblichkeit

Es gibt schlechterdings nichts zwischen Himmel und Erde, woran sich das Philosophieren, die Bedenkung also des Ganzen von Welt und Dasein, nicht entzünden könnte – und wäre es ein winziges Körnchen Materie oder die flüchtige Bewegung einer menschlichen Hand. Wir brauchen nicht auf die Suche zu gehen nach dem Gegenstand der Philosophie, der sich dann etwa durch eine besondere „Erhabenheit" oder gar Abstraktheit auszuzeichnen hätte. Dieser Gegenstand ist schon immer da; er liegt unverwandt vor jedermanns Blick.

Dennoch gibt es Themen, die in einem hervorgehobenen Sinn „philosophisch" genannt werden müssen – weil es zu ihrer Natur gehört, die Bedenkung des Daseinsganzen zu erzwingen. Unter diesen spezifisch philosophischen Themen ist wiederum von völlig unvergleichlichem Rang das Thema „Tod".

Was eigentlich „geschieht", aufs Ganze gesehen und im Grunde, wenn ein Mensch stirbt? – Wer so fragt, dem ist es natürlicherweise gar nicht allein um ein punktuelles, datierbares Ereignis zu tun. Der durch die Erfahrung des Todes Betroffene kann es gar nicht unterlassen, den Blick auf das Wirklichkeits*ganze* zu richten; er denkt an „Gott und die Welt", vor allem daran, was es mit uns selber, mit dem Menschen, letzten Grundes auf sich habe. Solcherlei Fragen erscheinen, wenn die Nähe des Todes uns anrührt, eher als unernst, als allzu harmlos. Dringlich wird vielmehr das Rätsel der menschlichen Existenz. Vor ihr „kann man ratlos werden, auch wenn man den Menschen säuberlich definieren und von Tier und Engel unterscheiden kann".

Das ist zu allen Zeiten auf vielerlei Weise ausgesprochen worden. In den *Bekenntnissen* ruft Augustinus sich das unerwartete Sterben eines Freundes in die Erinnerung, das ihn, den Neunzehnjährigen, in der Mitte des eigenen Daseins betroffen und verstört habe; und er schließt seinen Bericht mit dem Satze: *Factus eram ipse mihi magna quaestio*, „ich selber war mir zur großen Frage geworden".

So ist also der Tod nicht allein seit eh und je ein einzigartiger Gegenstand der philosophischen Meditation. Sondern der Akt des Philosophierens selber scheint erst von diesem Thema her seinen vollen Ernst, wenn nicht überhaupt seinen ersten Anstoß zu empfangen – so daß der Tod geradezu als „der eigentlich inspirierende Genius der Philosophie" hat bezeichnet werden können, ohne welchen der Mensch schwerlich jemals philosophiert haben würde.

Eine Schwierigkeit beginnt auch bei der Verständigung darüber, welchen Sinn es haben könnte, die beiden Begriffe „Tod" und „Unsterblichkeit" überhaupt miteinander zu verknüpfen. Der arglose Hörer oder Leser wird im durchschnittlichen Fall die Wortverbindung so verstehen, daß „Tod" die Frage bedeute und „Unsterblichkeit" die Antwort, wobei er überdies natürlich vor allem und ausschließlich an die „unsterbliche *Seele*" denken wird. Beides aber ist höchst fragwürdig, wenn nicht geradewegs falsch. Immerhin ist es gut, von Anfang an in der Erinnerung zu behalten, daß Platon, erstaunlicherweise gerade er, die Unsterblichkeit eine „furchtbare Gefahr" genannt hat. Und Augustinus legt sich in seinen *Soliloquia* die Frage vor: „Wenn du erfahren hast, daß du unsterblich bist – wird dir das genug sein?" – worauf er sich selber die merkwürdige Antwort gibt: „Es wird etwas Großes sein; aber für mich ist es zu wenig!"

Auch darüber wird man sich klar sein müssen, daß der Mensch, wenn er, zur kritischen Bewußtheit gelangt, den Gedanken an den Tod zu denken beginnt, den Fuß auf eine noch nie betretene Insel setzt. Er ist immer schon geprägt durch die atmosphärische Einwirkung dessen, was in der eigenen Epoche an Gedanken über den Tod lebendig ist; immer schon tritt er mit bestimmten Erwartungen und Befürchtungen, mit einer vielfach festgelegten Aufmerksamkeit an seinen großen Gegenstand heran. Für den Menschen der Spätantike, der Jahrhunderte also des durch die Verwesung der großen politischen Ordnungsgebilde auf sich selbst zurückgeworfenen, alleingelassenen, sich ausgesetzt fühlenden Individuums, das nun Zuflucht sucht in den Mysterienkulten, in den philosophischen Sekten, in der starren Selbstgenugsamkeit der Stoa – für diesen Menschen mußte schon der Frage-Ansatz völlig anders sein als für den Menschen des ausgehenden Mittelalters mit seinen Totentänzen und den epidemischen Ausbrüchen panischer Todesangst.

Und selbstverständlich ist auch unser Denken, vor aller kritischen Reflexion, vielfältig geprägt durch die ausstrahlende Anwesenheit der öffentlich wirksamen Auslegungen von Tod und Sterben, durch die materialistische Bagatellisierung nicht minder als durch den nihilistischen Trotz oder auch durch den lautstarken Optimismus der schlichten Ignorierung, als handle es sich beim menschlichen Sterben um so etwas wie einen leider „immer noch" gelegentlich passierenden „pein-lichen Zwischenfall", von dem man am besten gar nicht spricht, jedenfalls nicht in der Öffentlichkeit. So sind wir also immer schon, ob wir es wissen oder nicht, in irgendeiner Richtung „engagiert", wenn wir uns der Frage stellen: Was geschieht im Grunde, wenn ein Mensch stirbt?

Aus Pieper, Josef: Tod und Unsterblichkeit.
Herausgegeben von Berthold Wald.
topos taschenbuch 793, S. 11f.

Sterben und Tod

Im seelsorgerlichen Gespräch mit alten Menschen stellt sich beim Thema Sterben und Tod eine begreifliche Hemmung ein. Man möchte auf den Tod zu sprechen kommen, der ja immer näher heranrückt. Aber gerade weil der „Ernstfall" bald eintreten kann, scheut man sich, ihn anzusprechen.

Kontemplative Erfahrungen des Glaubens eröffnen und bereiten auf das am Ende große einfallende Licht der neuen Geburt. In die Sterbegegend unseres Lebens, die Ort ist für den lebenslänglich auf uns zukommenden Himmel.

So ist bis jetzt nichts aufgeschrieben hier, das nicht in diese letzte Zeit meiner menschlich-klösterlichen, das heißt meiner christlichen Existenz zugeht. Wozu denn sonst alles, wenn nicht auf diesen, letzten Zeitpunkt hin, in den mein Dasein hineinläuft, um ewig anzukommen dort, wohin ich gehöre.

Manchmal sehe ich mich durch den unteren Klostergang zur hinteren Kirchentüre mit großem weißen Blumengebinde auf meinem Sargdeckel, tragen, meine lateinisch rezitierenden Schwestern mit brennenden Kerzen hinter mir her.

Ich weiß mit tödlicher Sicherheit, das ist die Wirklichkeit meines Todes, in die ich hineinlebe. In seinen Tod hineinleben heißt sterben.

Dann überkommt mich eine seltsame Spannung, die Paradoxie, daß christliches Sterben ewiges Leben bedeutet.

Das Gedicht hier entstand vor einigen Jahren.

NACH DER MESSE
Ich habe den Himmel
gegessen
in meinen Zellen
nistet sich Ewigkeit ein.
Die Stadt weicht mir aus
auf dem Gehsteig
und keines der Boote
nimmt mich mehr mit.
Meinen lumpigen
ausgetretenen Tod
an den Füßen
geh ich
über das Wasser
nach Hause.

Den Himmel essen in der Eucharistie heißt, das unsterbliche Leben essen im Brot, das Leben des Auferstandenen.

Wie ist es da, richtig überlegt, mit dem Tod? Der Tod lebt seit Ostern nicht mehr. Er kann uns, die wir das ewige Leben essen, nichts mehr antun. Die Auferstehung hat sich in uns eingenistet.

Die Welt fühlt sich durch das auferstandene Leben in den an Jesus Christus Glaubenden bedroht.

Sie will nicht heraus aus ihrer Leblosigkeit, Lebenslosigkeit, und kommt jemand mit der Wirklichkeit des neuen Daseins in sich daher, weicht sie auf das Trottoir ihrer säkularen Sicherung im Diesseits aus.

Dann lächelt der Engel, der uns nach den wunderbaren Informationen der Schrift zugeordnet ist, uns zu begleiten. Er lächelt, weil er keine Furcht vor der Ansteckung des ewigen Lebens zu haben braucht – er, der wesenhaft lebendig ist.

Da lacht man selber, wenn die Bootsleute am Quai abfahren, bevor man an der Lände angekommen ist, weil auch sie keine Lust haben, ihr „schönes Menschsein und nichts weiter" mit uns, den „unheimlichen Fahrgästen", zu riskieren. Ja, dann kann man lachen. An den Füßen rutschen die Lappen des Leichentuchs über die Sandalen herunter, und man läuft wie Petrus über das Wasser täglich das bisschen Zeit, das noch fällig ist, zu Gott.

BEERDIGUNG

Werden sie ihn die runden Stufen
die drei
zu Gott hochtragen?

Gott kam aber längst seine drei Stufen
herab:

Mensch geworden,
hingeopfert,
auferstanden,
um dem Toten zu sagen:
Steh auf, ich bin da.

Und da sieht sich der tote Mönch
in seiner Totenfeier
gar andächtig um.

Wie schön, diese dunklen Stolen
alle genau im Winkel
über den weißen Alben
in der halben
Runde
der Brüder
ein stehender Tanz.

Requiem, wie?
Nein, Choreografie.
Ganz ähnlich wie die
Engel am Thron.
Ich bin eben nicht mehr tot.
Ich lebe in meinem Herrn Christus.

Amen,
singen die Brüder
und schließen die Bücher wieder.
Requiem in pace.

Diese kleine Meditation habe ich von einem Foto einer Totenfeier in der Klosterkirche zu Einsiedeln abgelesen. Die offene Bahre mit dem toten Mönch wird nach vorne getragen, als wolle man sie die drei groß ausladenden Marmorstufen vor den Altar bringen. Und im weiten Halbrund die Brüder, Mönch an Mönch, die Totenmesse singend, alle in selben weißen Alben, dunklen Stolen über die Schulter, ein Bild wie auf einer barocken Bühne.

Ist es nicht seltsam zu denken, dass wir, obwohl wir in der Bahre liegen, leben? Was bedeutet denn sonst das Wort Jesu: „Wer an mich glaubt, wird leben, auch wenn er stirbt" (Joh 11,25)?

Aus Walter, Silja: Das Herz betet von selbst. Glaubenserfahrung. topos taschenbuch 804, S. 70 bis 74.

Die Hoffnung des Christen ist der Himmel

Der Christ weiß aus dem Glauben, dass alles, was jetzt ist, vergänglich ist und dass das Vergängliche eine unvergängliche Seligkeit zur Folge haben wird. Er ist darum ein Mensch der Hoffnung oder anders ausgedrückt: Er erwartet das ewige Leben, die ewige Freude.

„Ewig" bedeutet kein Zeitmaß. „Ewig" ist auch nicht so viel wie „endlos". „Ewig" meint vielmehr un-vorstellbares, un-endliches, un-sagbares Glück. Johannes lässt uns in der „Apokalypse", dem letzten Buch des Neuen Testaments, wissen, dass alles, was uns jetzt das Leben schwer macht, aufhören wird.

Freude wird herrschen – grenzenlose Freude! Denn „kein Auge hat es je gesehen, kein Ohr hat es je gehört, keines Menschen Herz hat es jemals empfunden, was Gott denen bereitet, die ihn lieben." Gott wird dem Menschen begegnen mit einem Verstehen, das jedes Begreifen übersteigt.

Phil Bosmans schreibt: „Du wirst sterben, aber du wirst wieder leben. Du wirst auferstehen. Das ist Ostern. Eine unglaubliche Botschaft. Wenn du das glauben kannst, wird es dich so überwältigen, dass du vor Freude tanzen und springen wirst. Deine Tage werden neu werden. Die Menschen werden lachen und fröhlich sein. Du hast ein Stück des verlorenen Paradieses wiedergefunden."

Als Glaubende hoffen wir, dass wir in der Begegnung mit Gott die Liebe erfahren, die wir brauchen, um ein ganzer, voller Mensch zu sein; dass wir frei sind von dem Zwang, immer und pausenlos etwas leisten zu müssen; und nicht zuletzt: dass auch der Leib teilhaben wird an der Herrlichkeit des auferstandenen Herrn. Solche Hoffnung kann man nicht machen, sie ist vielmehr ein Geschenk.

Aus Abeln, Reinhard (Hg.): Freut euch zu jeder Zeit! Gedanken von Mutter Teresa, Franziskus, Hildegard von Bingen u. a. topos taschenbuch 779, S. 76f.

Weihnachten

24. Dezember
Erschienen ist die Gnade Gottes, die allen Menschen zum Heil dient. (Tit 2,11)

An einer Weihnachtspyramide drehen sich Maria und Josef, Hirten, Engel und Sterndeuter um die „Mitte", das Kind in der Krippe. Manch einen mag, wenn alle Kerzen auf der Pyramide brennen, das ständige Rotieren an ein Karussell erinnern, andere aber erkennen darin einen Hinweis auf den Dreh- und Angelpunkt des Lebens: Jesus Christus. In ihm zeigt sich die Liebe Gottes zu uns Menschen, von der uns nichts trennen kann.

Herr, viele Menschen haben heute ihre Mitte verloren und sind deshalb ins Trudeln geraten. Lass sie spüren, dass sie geborgen sind in deiner Liebe, damit sie zur Ruhe kommen.

25. Dezember
Völker strömen zu deinem Licht und Könige zum Glanz, der über dir aufstrahlt. (Jes 60,3)

Eigentlich passt das doch nicht zusammen: Einerseits die armselige Krippe und die Verachteten der damaligen Zeit, die oft kriminellen Hirten, die das Kind zuerst fanden. Andererseits aber der herrliche Weihnachtsbaum, geschmückt mit Lichtern, Lametta, bunten Kugeln, jubilierenden Engelsfiguren, goldenen Nüssen usw. Beides aber ist Zeichen für das Kommen des Menschensohnes. Zuerst kam er in Kälte und Armut auf das Stroh dieser Welt. Einmal wird er wiederkommen in Macht und Herrlichkeit. Dann wird er „das Stroh in Gold verwandelt" haben.

Herr, die armselige Krippe soll mich an Menschen auf dem armseligen Stroh unserer Welt erinnern. Ich will nicht gedankenlos an denen vorbeigehen, die du mir begegnen lässt. Der strahlende Weihnachtsbaum soll mir Zeichen sein, dass einmal alles gut werden wird für alle Menschen.

Aus Hoffsümmer, Willy (Hg.): 365 x Rückenwind. Ermutigungen für jeden Tag.
topos taschenbuch 809, S. 241f.

Die heilige Nacht

Gesegnet sei die heilige Nacht,
die uns das Licht der Welt gebracht! –
Wohl unterm lieben Himmelszelt
die Hirten lagen auf dem Feld.
Ein Engel Gottes, licht und klar,
mit seinem Gruß tritt auf sie dar.
Vor Angst sie decken ihr Angesicht,
da spricht der Engel: „Fürcht't euch nicht!
Ich verkünd euch große Freud:
Der Heiland ist geboren heut."
Da gehn die Hirten hin in Eil,
zu schaun mit Augen das ewig Heil;
zu singen dem süßen Gast Willkomm,
zu bringen ihm ein Lämmlein fromm.
Bald kommen auch gezogen fern
die heil'gen drei König mit ihrem Stern.
Sie knien vor dem Kindlein hold,
schenken ihm Myrrhen, Weihrauch, Gold.
Vom Himmel hoch der Engel Heer
frohlocket: „Gott in der Höh sei Ehr!"

Eduard Mörike in Multhaupt, Hermann (Hg.): Am Weihnachtsbaum die Lichter brennen. Die schönsten Gedichte und Lieder von Advent bis Dreikönig.
topos taschenbuch 781, S. 53.

Auf dem Weg nach Betlehem

Wir stehen am Anfang eines Weges, der uns nach Betlehem führen will. Dorthin. wo für uns Betlehem sein wird, führt keine Landkarte, kein Wegweiser. Aus unserem Inneren kommt die Stimme, die uns führt, die uns ruft und zieht. So sind wir unterwegs.

Manchmal gelingt es uns, manchmal sehen wir durch alle Nebel einen Stern – fühlen uns gezogen und sind in der Lage, Schritte zu machen auf unser Ziel hin. Wir sehen, wir hören, wir gehen.

Wir können noch andere Menschen mitnehmen.

Manchmal ist es gut, dass uns jemand geleitet, uns seine Hand gibt, so wird der Weg uns leichter.

Manchmal reicht auch das nicht. Wir müssen getragen werden, jemand muss uns auf die Schulter nehmen, damit wir vorwärtskommen. Zuweilen können wir selbst jemand tragen, vielleicht ein kurzes Stück – in unserem Herzen mittragen, auf dem langen Weg nach Betlehem.

Manchmal sind wir skeptisch, zweifelnd, möchten vielleicht ausscheren aus der Weggemeinschaft, alleine oder gar nicht weitergehen, sind müde – empfinden uns als die Letzten.

Da, wo wir hingehen; da, wo unser Ziel ist, gelten andere Ordnungen: Da ist der Letzte der Erste. Da wird nicht mit der Stoppuhr gemessen, da werden wir erwartet. Da sind wir willkommen, ganz gleich ob wir alt oder jung, zweifelnd oder mitreißend sind.

Machen wir uns also auf, auf nach Betlehem. Gehen wir, bis Gott in uns Mensch wird!

Aus Bernet, Elisabeth: Der Mantel des Sterndeuters. Geschichten und Motive zu Weihnachten.
topos taschenbuch 774, S. 110.

Gesamtverzeichnis der lieferbaren topos taschenbücher 2013

Aktuelle Themen – allgemeines religiöses Sachbuch

Manfred Becker-Huberti
Zeit ist wie Ewigkeit.
Über das Phänomen der Zeit
144 Seiten, 2007, Band 636,
ISBN 978-3-8367-0636-0

Wolfgang Beinert
Tod und jenseits des Todes
144 Seiten, 2. Auflage 2010, Band 355, ISBN 978-3-8367-0355-0

Eckhard Bieger / Theo Hipp
Mut zum Ritual. Die Kunst des Feierns
128 Seiten, 2008, Band 666,
ISBN 978-3-8367-0666-7

Roland Breitenbach
In Sachen Gottes unterwegs.
Erlebnisse auf den Spuren des Paulus
118 Seiten, 2000, Band 323,
ISBN 978-3-7867-8323-7

Wolfgang Beinert
Maria – Spiegel der Erwartungen Gottes und der Menschen
168 Seiten, 2001, Band 407,
ISBN 978-3-7867-8407-4

Eckhard Bieger /
Helmut Zimmermann
Heilige und ihre Feste. Entstehung – Bedeutung – Brauchtum
151 Seiten, 2004, Band 514,
ISBN 978-3-7867-8514-9

Leonardo Boff
In ihm hat alles Bestand. Der kosmische Christus und die modernen Naturwissenschaften
ca. 160 Seiten, 2013, Band 833,
ISBN 978-3-8367-0833-3

Sabine Demel
Mitmachen – Mitreden – Mitbestimmen. Grundlagen, Möglichkeiten und Grenzen in der katholischen Kirche
172 Seiten, 2001, Band 379,
ISBN 978-3-7867-8379-4

Christoph Dohmen /
Thomas Hieke
Das Buch der Bücher. Die Bibel –
Eine Einführung
208 Seiten, 4. Auflage 2012, Band
736, ISBN 978-3-8367-0736-7

Thomas Eggensperger /
Ulrich Engel (Hg.).
Worauf dürfen wir hoffen?
Ein Gespräch zwischen Paulus
Engelhardt, Dorothee Sölle und
Fulbert Steffensky
91 Seiten, 2002, Band 451,
ISBN 978-3-7867-8451-7

Günter Ewald
Nahtoderfahrungen. Hinweise auf
ein Leben nach dem Tod
144 Seiten, 4. Auflage 2009,
Band 591, ISBN 978-3-8367-0591-2

Josef Gelmi
Die Päpste in Kurzbiographien
192 Seiten, 2. Auflage 2005,
Band 552, ISBN 978-3-7867-8552-1

Hajo Goertz
Brückenschläge. Wirken und
Wirkung der Katholikentage
128 Seiten, 2006, Band 602,
ISBN 978-3-7867-8602-3

Thomas Eggensperger / Ulrich
Engel (Hg.)
Dominikanerinnen und Dominikaner. Geschichte und Spiritualität
216 Seiten, 2010, Band 709,
ISBN 978-3-8367-0709-1

Günter Ewald
Gibt es ein Jenseits? Auferstehungsglaube und Naturwissenschaften
111 Seiten, 2. Auflage 2002,
Band 350, ISBN 978-3-7867-8350-3

Hubert Frankemölle
Der Jude Jesus und die Ursprünge
des Christentums
112 Seiten, 2003, Band 503,
ISBN 978-3-7867-8503-3

Josef Gelmi
Das Papsttum. Beschreibung einer
faszinierenden Institution
206 Seiten, 2007, Band 641,
ISBN 978-3-8367-0641-4

Anton Grabner-Haider
Wieviel Himmel braucht der
Mensch?
197 Seiten, 2004, Band 537,
ISBN 978-3-7867-8537-8

Bernhard Grom
Hoffnungsträger Esoterik?
166 Seiten, 2002, Band 435,
ISBN 978-3-7867-8435-7

Gerhard Hartmann
Kirche und Nationalsozialismus
96 Seiten, 2007, Band 624,
ISBN 978-3-7867-8624-5

Martha Heizer / Peter Hurka (Hg.)
Mitbestimmung und Menschenrechte. Plädoyer für eine demokratische Kirchenverfassung
304 Seiten, 2011, Band 763,
ISBN 978-3-8367-0763-3

Gregor Maria Hoff
Religionskritik heute
160 Seiten, 2. Auflage 2009,
Band 523, ISBN 978-3-8367-0523-3

Getrud Hofmann /
Werner Krebber
Die Beginen. Geschichte und Gegenwart
112 Seiten, 2. Auflage 2008,
Band 530, ISBN 978-3-8367-0530-1

Gerhard Hartmann
Wählt die Bischöfe. Ein Vorschlag zur Güte und zur rechten Zeit
192 Seiten, 2010, Band 716,
ISBN 978-3-8367-0716-9

Rita Haub
Sonne, Mond und Sterne. Jesuiten als Entdecker
96 Seiten, 2008, Band 642,
ISBN 978-3-8367-0642-1

Gottfried Hierzenberger
Maria – Die weibliche Dimension Gottes
143 Seiten, 2004, Band 494,
ISBN 978-3-7867-8494-4

Gregor Maria Hoff
Die neuen Atheismen. Eine notwendige Provokation
184 Seiten, 2009, Band 671,
ISBN 978-3-8367-0671-1

Andreas Illa / Stephan Leimgruber
Von der Kirche im Stich gelassen? Aspekte einer neuen Sexualpädagogik
128 Seiten, 2010, Band 747,
ISBN 978-3-8367-0747-3

Jana Jacobi
Scientology. Ein Blick hinter die Kulissen
144 Seiten, 3. Auflage 2010,
Band 652, ISBN 978-3-8367-0652-0

Kurt Kramer
Die Glocke. Eine Kulturgeschichte
144 Seiten, 2. Auflage 2012,
Band 597, ISBN 978-3-8367-0597-4

Marcus C. Leitschuh (Hg.)
Gewagte Aufbrüche. Beiträge zum Dialogprozess
Mit einem Vorwort von Erzbischof Robert Zollitsch und Wolfgang Glück
176 Seiten, 2012, Band 810,
ISBN 978-3-8367-0810-4

Maximilian Liebmann (Hg.)
War die Ehe immer unauflöslich?
160 Seiten, 2002, Band 462,
ISBN 978-3-7867-8462-3

Peter Lüning
Ökumene in kleinen Schritten. Unterwegs zur Einheit der Christen
168 Seiten, 2. Auflage 2010,
Band 357, ISBN 978-3-8367-0357-4

Uwe Jochum
Der Urkonflikt des Christentums. Paulus – Petrus – Jakobus und die Entstehung der Kirche
120 Seiten, 2011, Band 757,
ISBN 978-3-8367-0757-2

Martin Leitgöb
Dem Konzil begegnen. Prägende Persönlichkeiten des II. Vatikanischen Konzils
Mit einem Vorwort von Herbert Vorgrimler
186 Seiten, 2012, Band 815,
ISBN 978-3-8367-0815-9

Marcus C. Leitschuh (Hg.)
Das Herz Sehnt Sich nach Einheit. Hoffnungstexte zur Ökumene
144 Seiten, 2010, Band 695,
ISBN 978-3-8367-0695-7

Rudolf Lill
Die Macht der Päpste
240 Seiten, 2006, Band 603,
ISBN 978-3-7867-8603-0

Hans Maier
Reisen durch die Zeit. Kritische Anmerkungen
192 Seiten, 2012, Band 782,
ISBN 978-3-978-8367-0782-4

Egon Mielenbrink
Beten mit den Füßen. Über
Geschichte und Praxis von Wall-
fahrten
134 Seiten, 2001, Band 368,
ISBN 978-3-7867-8368-8

Johannes Oeldemann
Die Kirchen des christlichen
Ostens. Orthodoxe, orientalische
und mit Rom unierte Kirchen
224 Seiten, 3. Auflage 2011,
Band 577, ISBN 978-3-8367-0577-6

Simon und Claudia Paganini
Qumran. Zwischen Verschwörung
und Archäologie
184 Seiten, 2010, Band 722,
ISBN 978-3-8367-0722-0

Otto Hermann Pesch
Gottes Kirche für den Menschen.
Erwartungen – Forderungen –
Träume
120 Seiten, 2011, Band 783,
ISBN 978-3-8367-0783-1

Otto Hermann Pesch
Kleines katholisches Glaubensbuch
228 Seiten, 16. bearb. und erw. Auflage 2009, Band 539,
ISBN 978-3-8367-0539-4

Egon Mielenbrink
Wallfahrtsorte – Stätten des Gebets
144 Seiten, 2006, Band 582,
ISBN 978-3-7867-8582-8

Simon und Claudia Paganini
Was glaubten die Menschen zur
Zeit Jesu? Eine Einführung in das
Alte Testamnt
224 Seiten, 2012, Band 808,
ISBN 978-3-8367-0808-1

Martin Patzek
Aus Liebe zu Gott und den
Menschen. Vorbilder der Caritas
160 Seiten, 2005, Band 549,
ISBN 978-3-7867-8549-1

Otto Hermann Pesch
Die Zehn Gebote
168 Seiten, 2011, Band 790,
ISBN 978-3-8367-0790-9

Otto Hermann Pesch
Das Zweite Vatikanische Konzil.
Vorgeschichte – Verlauf – Ergeb-
nisse – Nachgeschichte
448 Seiten, 4. Auflage 2012,
Band 393, ISBN 978-3-8367-0393-2

Joseph Ratzinger (Papst Benedikt XVI,) / Hans Maier
Demokratie in der Kirche. Möglichkeiten und Grenzen
104 Seiten, 2 Auflage 2005, Band 348, ISBN 978-3-7867-8348-0

Johannes Reiter
Die genetische Gesellschaft. Handlungsspielräume und Grenzen
143 Seiten, 2002, Band 428, ISBN 978-3-7867-8428-9

Jos Rosenthal
Die Jüngerinnen. Frauen im Neuen Testament
127 Seiten, 2004, Band 534, ISBN 978-3-7867-8534-7

Jos Rosenthal
Der Prozess Jesu. 18 Stunden bis zur Hinrichtung
112 Seiten, 2003, Band 475, ISBN 978-3-7867-8475-3

Theodor Schneider / Martina Patenge
Sieben heilige Feiern. Eine kleine Sakramentenlehre
232 Seiten, 2004, Band 541, ISBN 978-3-7867-8541-5

Christian Schütz – Philippa Rath (Hg.)
Der Benediktinerorden. Gott Suchen in Gebet und Arbeit
256 Seiten, 2. Auflage 2009, Band 506, ISBN 978-3-8367-0506-6

Georg Schwikart
Basiswissen Christentum
96 Seiten, 2007, Band 625, ISBN 978-3-7867-8625-2

Georg Schwikart
Zwischen Zeit und Ewigkeit. Das Kirchenjahr
96 Seiten, 2006, Band 588, ISBN 978-3-7867-8588-8

Michaela Sohn-Kronthaler / Andreas Sohn
Frauen im kirchlichen Leben. Vom 19. Jahrhundert bis heute
160 Seiten, 2008, Band 672, ISBN 978-3-8367-0672-8

Barbara Stambolis
Im Zeichen des Glaubens. Tradition und Wandel kirchlicher Feste
96 Seiten, 2007, Band 615, ISBN 978-3-7867-8615-3

Herbert Vorgrimler
Wiederkehr der Engel? Ein altes
Thema neu durchdacht
120 Seiten, 2. Auflage 2008,
Band 653, ISBN 978-3-8367-0653-0

Uwe Wolff
Der Mann aus Nazaret. Das Leben
Jesu neu erzählt
ca. 160 Seiten, 2013, Band 832,
ISBN 978-3-8367-0832-6

Paul M. Zulehner
Kirche umbauen, nicht totsparen
120 Seiten, 2009, Band 687,
ISBN 978-3-8367-0687-2

Gerhard Hartmann (Hg.)
Was mir Wert ist. Gedanken von
Benedikt XVI., Mutter Teresa,
Nikolaus Harnoncourt, Anselm
Grün, Erwin Teufel u. a.
160 Seiten, 2011, Band 777,
ISBN 978-3-8367-0777-0

Mehr Hoffnung wagen. Gedanken
und Texte, die Halt geben
Hg. von Gerhard Hartmann (Hg.)
144 Seiten, 2010, Band 702,
ISBN 978-3-8367-0702-2

Gerhard Voss
Astrologie christlich
160 Seiten, 2010, Band 706,
ISBN 978-3-8367-0706-0

Erich Zenger
Das Erste Testament. Die jüdische
Bibel und die Christen
208 Seiten, 2012, Band 760,
ISBN 978-3-8367-0760-2

Gerhard Hartmann (Hg.)
Was mich trägt
Texte von Willi Hoffsümmer,
Eugen Drewermann, Silja Walter,
Elisabeth Lukas u. a.
ca. 160 Seiten, 2013, Band 831,
ISBN 978-3-8367-0831-9

Was mir Halt gibt. Gedanken von
Benedikt XVI., Mutter Teresa,
Anselm Grün, Jörg Zink u. a.
Hg. von Gerhard Hartmann
128 Seiten, 2009, Band 677,
ISBN 978-3-8367-0677-3

Wie Frauen das Leben bewegen.
Texte von und zu Maria, Hildegard
von Bingen, Elisabeth von Thürin-
gen, Mutter Teresa, Simone Weil u. a.
Hg. von Heidi Rose / Brunhilde
Steger / Gertrud Widmann
144 Seiten, 2011, Band 743,
ISBN 978-3-8367-0743-5

Biographien und Lebensbilder

Reinhard Abeln
Die heilige Barbara . Leben –
Legenden – Bedeutung
96 Seiten, 2011, Band 768,
ISBN 978-3-8367-0768-8

Reinhard Abeln
Benedikt Menni. Prophet der Liebe
78 Seiten, 2004, Band 535,
ISBN 978-978-3-7867-8535-4

Reinhard Abeln
Der heilige Franziskus. Leben –
Legenden – Bedeutung
96 Seiten, 2012, Band 821,
ISBN 978-3-8367-0821-0

Reinhard Abeln
Die heilige Katharina. Leben –
Legenden – Bedeutung
96 Seiten, 2012, Band 826,
ISBN 978-3-8367-0826-5

Reinhard Abeln
Der heilige Sebastian
Leben – Legenden – Bedeutung
96 Seiten, 2012, Band 797,
ISBN 978-3-8367-0797-8

Reinhard Abeln
Bonifatius. Apostel der Deutschen
96 Seiten, 2009, Band 692,
ISBN 978-3-8367-0692-6

Reinhard Abeln
Der heilige Florian
Leben – Legenden – Bedeutung
96 Seiten, 2012, Band 798,
ISBN 978-3-8367-0798-5

Reinhard Abeln
Der heilige Hubertus. Leben –
Legenden – Bedeutung
96 Seiten, 2013, Band 845,
ISBN 978-3-8367-0845-6

Reinhard Abeln
Der heilige Nikolaus. Leben –
Legenden – Bedeutung
96 Seiten, 2011, Band 769,
ISBN 978-3-8367-0769-5

Andreas-Pazifikus Alkofer
Antonius von Padua. Franziskaner
auf Umwegen
184 Seiten, 2012, Band 822,
ISBN 978-3-8367-0822-7

Gisela Baltes / Gerhard Hartmann /
Maria Andrea Stratmann
Mit den Heiligen von Tag zu Tag
400 Seiten, 2011, Band 771,
ISBN 978-3-8367-0771-8

Teresio Bosco
Don Bosco
Priester und Erzieher
304 Seiten, 2012, Band 792,
ISBN 978-3-8367-0792-3

Andreas Drouve
Der heilige Martin. Patron der
Armen – Vorbild der Nächstenliebe
128 Seiten, 2011, Band 770,
ISBN 978-3-8367-0770-1

Clemens Engling
Anna Katharina Emmerick. Mystikerin der Nächstenliebe
144 Seiten, 2011, Band 739,
ISBN 978-3-8367-0739-8

Jörg-Peter Findeisen
Birgitta. Gottes Botin im mittelalterlichen Europa
112 Seiten, 2003, Band 509,
ISBN 978-3-7867-8509-5

Konrad Baumgartner (Hg.)
Johann Michael Sailer. Leben und
Werk
176 Seiten, 2011, Band 749,
ISBN 978-3-8367-0749-7

Patrick Dondelinger
Bernadette Soubirous. Visionen
und Wunderheilungen
168 Seiten, 2007, Band 650,
ISBN 978-3-8367-0650-6

Peter Ebner
Nikolaus von Tolentino. Ein Werdegang
160 Seiten, 2007, Band 617,
ISBN 978-3-7867-8617-7

Petra Fietzek
Franziska Schervier. Worte alleine
vermögen nichts
112 Seiten, 2003, Band 502,
ISBN 978-3-7867-8502-6

David Fraesdorff
Ansgar. Apostel des Nordens
128 Seiten, 2009, Band 633,
ISBN 978-3-8367-0633-9

Louise Gnädinger
Katharina von Siena. Briefe für
eine Erneuerung der Kirche
240 Seiten, 2011, Band 740,
ISBN 978-3-8367-0740-4

Rita Haub
Petrus Canisius. Botschafter Europas
111 Seiten, 2003, Band 513,
ISBN 978-3-7867-8513-2

Rita Haub
Ignatius von Lodola. Gott in allen
Dingen finden
128 Seiten, 2005, Band 567,
ISBN 978-3-7867-8567-5

Rita Haub
Franz Xaver. Aufbruch in die Welt
127 Seiten, 2002, Band 423,
ISBN 978-3-7867-8423-4

Waltraud Herbstrith (Hg.)
Edith Stein. Ein Lebensbild in
Zeugnissen und Selbstzeugnissen
187 Seiten, 2. Auflage 2004,
Band 401, ISBN 978-3-7867-8401-2

Hermann-Joseg Große Kracht
Wilhelm Emmanuel von Ketteler.
Ein Bischof in den Sozialen Debatten Seiner Zeit
240 Seiten, 2011, Band 791,
ISBN 978-3-8367-0791-6

Rita Haub
Peter Faber. Globetrotter Gottes
96 Seiten, 2006, Band 568,
ISBN 978-3-7867-8568-6

Rita Haub
Rupert Mayr. Der Wahrheit verpflichtet
94 Seiten, 2004, Band 512,
ISBN 978-3-7867-8512-5

Rita Haub
Franz von Tattenbach SJ. Die Sorge
um den Menschen Steht im Mittelpunkt. Ein Erzieher für Mittelamerika
128 Seiten, 2010, Band 733,
ISBN 978-3-8367-0733-6

Markus Hofer
Fidelis von Sigmaringen. Gottesmann, Eiferer, Märtyrer
96 Seiten, 2007, Band 628,
ISBN 978-3-7867-8628-3

Cosima Kiesner u. a. (Hg.)
Frauen und keine Fräulein. Maria
Ward und die Congregatio Jesu
176 Seiten, 2009, Band 697,
ISBN 978-3-8367-0697-1

Gisbert Kranz
Thomas von Kempen. Der Stille
Reformer von Niederrhein
96 Seiten, 2012, Band 795,
ISBN 978-3-8367-0795-4

Martina Kreidler-Kos / Ancilla
Röttger / Niklaus Kuster
Klara von Assisi. Freundin
der Stille – Schwester der Stadt
144 Seiten, 3. Auflage 2011,
Band 561, ISBN 978-3-8367-0561-5

S. Lydia La Dous
Galileo Galilei. Zur Geschichte
eines Falles
176 Seiten, 2007, Band 613,
ISBN 978-3-7867-8613-9

Anton Rotzetter
Klara und Franziskus. Bilder einer
Freundschaft
111 Seiten, 3. Auflage 2011,
Band 309, ISBN 978-3-7867-8309-1

Marianne Schlosser (Hg.)
Im Spiegel Christi. Die Schriften
der Klara von Assisi
111 Seiten, 2004, Band 532,
ISBN 978-3-7867-8532-3

Ursula Klammer
Hildegard von Bingen. Wenn es
um Gesundheit geht
156 Seiten, 2. Auflage 2009,
Band 374, ISBN 978-3-8367-0374-1

Martina Kreidler-Kos (Hg.)
Von wegen von gestern. Der Lebenskunst großer Frauen begegnen
144 Seiten, 2012, Band 799,
ISBN 978-3-8367-0799-2

Niklaus Kuster
Laurentius von Brindisi. Apostel
auf den Straßen Europas
144 Seiten, 2010, Band 714,
ISBN 978-3-8367-0714-5

Hans Lipp
Max Josef Metzger. Prophetischer
Märtyrer
136 Seiten, 2007, Band 630,
ISBN 978-3-7867-8630-6

Walter Rupp
Friedrich Spee. Dichter und Kämp-
fer gegen den Hexenwahn
128 Seiten, 2. Auflage 2011,
Band 589, ISBN 978-3-8367-0589-9

Hans-Karl Seeger (Hg.)
Karl Leisner. Visionär eines geein-
ten Europas
160 Seiten, 2. Auflage 2012,
Band 563, ISBN 978-3-8367-0563-9

Hans-Karl Seeger (Hg.)
Karl Leisner letztes Tagebuch.
Zeugnis eines vollendeten Lebens
272 Seiten, 2007, Band 638,
ISBN 978-3-8367-0638-4

Christine Sommer
Schwaches Weib – Starke
Worte. Streitreden der Katharina
von Alexandrien
96 Seiten, 2010, Band 737,
ISBN 978-3-8367-0737-4

Markus Trautmann
Clemens August von Galen. Ich
erhebe meine Stimme
128 Seiten, 2005, 2. Auflage 2010,
Band 566, ISBN 978-3-8367-0566-0

Berthold Wald
Josef Pieper. Lehrer der Weisheit
ca. 192 Seiten, 2013, Band 794,
ISBN 978-3-8367-0794-7

Andreas Wollbold
Therese von Lisieux. Auf dem kleinen Weg
160 Seiten, 2012, Band 824,
ISBN 978-3-8367-0824-1

Dorothee Seelhöfer
Simone Weil. Philosophin –
Gewerkschafterin – Mystikerin
176 Seiten, 2009, Band 679,
ISBN 978-3-8367-0679-7

Peter Stöger
Martin Buber. Eine Einführung in
Leben und Werk
140 Seiten, 2003, Band 488,
ISBN 978-3-7867-8488-3

Herbert Vorgrimler
Karl Rahner. Zeugnisse Seines
Lebens und Denkens
320 Seiten, 2. Auflage 2011,
Band 416, ISBN 978-3-8367-0416-8

Hans-Ulrich Wiese
Prophetische Gestalten im 20. Jahrhundert
144 Seiten, 2009, Band 681,
ISBN 978-3-8367-0681-0

Helmut Zimmermann / Eckhard
Bieger
Elisabeth. Heilige der christlichen
Nächstenliebe
160 Seiten, 2. Auflage 2007,
Band 598, ISBN 978-3-7867-0598-1

Religionen

Christa Felicetti
Lebensweisheit aus dem Judentum
184 Seiten, 2001, Band 409,
ISBN 978-3-7867-8409-8

Hans Hermann Henrix
Judentum und Christentum.
Gemeinschaft wider Willen
227 Seiten, 2. Auflage 2008,
Band 525, ISBN 978-3-8367-0525-7,

Stephan Leimgruber
Feinde oder Freunde. Wie können
Christen und Muslime miteinander umgehen
208 Seiten, 2008, Band 648,
ISBN 978-3-8367-0648-3

Stefan Schlager
Die Weltreligionen
Ein Crash-Kurs
208 Seiten, 2012, Band 805,
ISBN 978-3-8367-0805-0

Georg Schwikart
Sexualität in den Religionen
144 Seiten, 2005, Band 551,
ISBN 978-3-7867-8551-4

Hans Hermann Henrix
Zuspruch aus fremden Quellen.
Begegnungen mit Persönlichkeiten
aus Judentum und Christentum
292 Seiten, 2012,
Band 807, ISBN 978-3-8367-0807-4

Hannes Kulmer
Lebensweisheit aus Afrika
220 Seiten, 2002, Band 456,
ISBN 978-3-7867-8456-2

Elisabeth Rosegger
Lebensweisheit aus dem Islam
202 Seiten, 2002, Band 437,
ISBN 978-3-7867-8437-1

Georg Schwikart
100 Daten der Religionsgeschichte
192 Seiten, 2006, Band 573,
ISBN 978-3-7867-8573-6

Georg Schwikart
Tod und Trauer in den Weltreligionen
112 Seiten, 2. Auflage 2010,
Band 605, ISBN 978-3-8367-0605-6

Christian Troll
Muslime fragen, Christen antworten
176 Seiten, 3. Auflage 2007,
Band 489, ISBN 978-3-8367-0489-2

Hans Waldenfels
Christus und die Religionen
135 Seiten, 2002, Band 433,
ISBN 978-3-7867-8433-3

Uwe Wolff
Welche Farbe hat die Himmelstür? Symbole der Weltreligionen für unsere Zeit gedeutet
160 Seiten, 2012, Band 786,
ISBN 978-3-8367-0786-2

Spiritualität – Leben aus dem Glauben

Reinhard Abeln / Anton Kner
Vierzehn Säulen hat die Liebe. Von den Werken der Barmherzigkeit
128 Seiten, 2002, Band 424,
ISBN 978-978-3-7867-8424-1

Gottfried Bachl
Gottesbeschreibung. Reden und Lesestücke
136 Seiten, 2002, Band 438,
ISBN 978-3-7867-8438-8

Gottfried Bachl
Der Schwierige Jesus
112 Seiten, 2005, Band 578,
ISBN 978-3-7867-8578-1

Corona Bamberg
Was Menschsein kostet. Aus der Erfahrung frühchristlicher Mönche gedeutet
153 Seiten, 2001, Band 376,
ISBN 978-3-7867-8376-3

Otto Betz
Der Leib und Seine Sprache. Die Symbolik der menschlichen Gestalt
233 Seiten, 2003, Band 504,
ISBN 978-3-7867-8504-8

Otto Betz
Das Unscheinbare ist das Wunderbare. Spiritualität im Alltag
128 Seiten, 2011, Band 742,
ISBN 978-3-978-8367-0742-8

Leonardo Boff
Franz von Assisi und die Liebe
Gottes zu den Armen
144 Seiten, 2010, Band 715,
ISBN 978-3-8367-0715-2

Henri Boulad
Gottessöhne, Gottestöchter.
Gelebte Existenzreligion
131 Seiten, 2004, Band 517,
ISBN 978-3-7867-8517-0

Piet van Breemen
Erfüllt von Gottes Licht. Eine Spiritualität des Alltags
200 Seiten, 2005, Band 550,
ISBN 978-3-7867-8550-7

Wilhelm Bruners
Das Gespräch mit dem Engel.
Biblische Begegnungen
132 Seiten, 2002, Band 441,
ISBN 978-3-7867-8441-8

Christiane Bundschuh-Schramm
Segen wird es geben. 52 gute Wünsche für das Jahr
112 Seiten, 2008, Band 676,
ISBN 978-3-8367-0676-6

Leonardo Boff
Die Transparenz der Dinge. Gott erfahren
120 Seiten, 2010, Band 696,
ISBN 978-3-8367-0696-4

Hubertus Brantzen
Mit Abraham und Sara auf
den Spuren Gottes. Biblische Exerzitien im Alltag
160 Seiten, 1. Auflage 2010,
Band 339, ISBN 978-3-8367-0339-0

Thomas Broch
Leben üben. 7 x 7 Impulse für die Fastenzeit
96 Seiten, 2009, Band 673,
ISBN 978-3-8367-0673-5

Monika Dorothea Brunst
Ich treff mich heute mit mir Selbst.
Vier Wochen für ein Sinnvolles
Leben
112 Seiten, 2008, Band 645,
ISBN 978-3-8367-0645.2

Andreas Drouve
Auf dem Jakobsweg. Pilgerstimmen
112 Seiten, 2010, Band 723,
ISBN 978-3-8367-0723-7

Andreas Drouve
Geheimnisse am Jakobsweg. Wundersame Legenden und mysteriöse Geschichten
ca. 128 Seiten, 2013, Band 816,
ISBN 978-3-8367-0816-6

Petra Fietzek
Ins eigene Leben geschrieben. Psalmen für heute
88 Seiten, 2012, Band 823,
ISBN 978-3-8367-0823-4

Gisbert Greshake
Hören auf den Ruf und geistliches Unterscheiden
109 Seiten, 2012, Band 819,
ISBN 978-3-8367-0819-7

Rudolf Hagmann (Hg.)
Ich bin ganz Weg. Pilgernd unterwegs
144 Seiten, 2011, Band 754,
ISBN 978-3-8367-0754-1

Gottfried Hierzenberger / Jos Rosenthal
Der betende Mensch. Kleine Kultur- und Geistesgeschichte des Betens
224 Seiten, 2005, Band 569,
ISBN 978-3-7867-8569-9

Peter Dyckhoff
Aus der Quelle Schöpfen. Das innerliche Gebet nach Teresa von Avila
192 Seiten, 2011, Band 753,
ISBN 978-3-8367-0753-4

Hajo Goertz
Weggefährten Jesu. Impulse für die Nachfolge
192 Seiten, 2001, Band 408,
ISBN 978-3-7867-8408-1

Gisbert Greshake
Die Wüste bestehen. Erlebnis und geistliche Erfahrung
112 Seiten, 2004, Band 528,
ISBN 978-3-7867-8528-6

Waltraud Herbstrith (Hg.)
Edith Stein – Aus der Tiefe leben. Ein Textbrevier
208 Seiten, 2. Auflagen 2013,
Band 583, ISBN 978-3-8367-0583-7

Willi Hoffsümmer (Hg.)
365 x Rückenwind. Ermutigungen für jeden Tag
224 Seiten, 2012, Band 809,
ISBN 978-3-8367-0809-8

Ludger Hohn-Morisch (Hg.)
365 Gedanken zur Guten Nacht
160 Seiten, 2011, Band 755,
160 Seiten ISBN 978-3-8367-0755-8

Ludger Hohn-Morisch (Hg.)
Jahreszeiten des Lebens – Sommer.
Zeit für Herz und Sinne
128 Seiten, 2010, Band 727,
ISBN 978-3-8367-0727-5

Ludger Hohn-Morisch (Hg.)
Jahreszeiten des Lebens – Winter.
Kraft der Stille
128 Seiten, 2010, Band 729,
ISBN 978-3-8367-0729-9

Josef Imbach
Und lehrte Sie in Bildern. Die
Gleichnisse Jesu – Geschichten für
heute
238 Seiten, 2003, Band 465,
ISBN 978-3-7867-8465-4

Karin Johne
Geistlicher Übungsweg für den
Alltag
288 Seiten, 2. Auflage 2003, Band
313, ISBN 978-3-7867-8313-8

Ludger Hohn-Morisch (Hg.)
Jahreszeiten des Lebens – Frühling.
Vom Zauber das Anfangs
128 Seiten, 2011, Band 726,
ISBN 978-3-8367-0726-8

Ludger Hohn-Morisch (Hg.)
Jahreszeiten des Lebens – Herbst.
Lebens aus der Fülle
128 Seiten, 2010, Band 728,
ISBN 978-3-8367-0728-2

Basil Hume
Das Mysterium des Kreuzes
95 Seiten, 2001, Band 373,
ISBN 978-3-7867-8373-2

Karin Johne
Die Kraft des Glaubens. Meditationen zum Lukasevangelium
320 Seiten, 2000, Band 332,
ISBN 978-3-7867-8332-9

Helmut Krätzl
Gott aber ist anders. Über Leiden,
Tod und Auferstehung
112 Seiten, 2011, Band 758,
ISBN 978-3-8367-0758-9

Martina Kreidler-Kos /
Niklaus Kuster
Christus auf Augenhöhe. Das
Kreuz von San Damiano
128 Seiten, 3. Auflage 2011,
Band 664, ISBN 978-3-8367-0664-3

Erich Läufer
Kleine Leute im Neuen Testament
112 Seiten, 2. Auflage 2010,
Band 713, ISBN 978-3-8367-0713-8

Willi Lambert
Aus Liebe zur Wirklichkeit.
Grundworte ignatianischer Spiritualität
197 Seiten, 8. Auflage 2008, Band
367, ISBN 978-3-8367-0367-3

Leonhard Lehmann
Franziskus – Meister der Gebets.
Eine Einführung
272 Seiten, 2007, Band 599,
ISBN 978-3-7867-8599-6

Dagmar Müller
Begleiterinnen auf dem Weg nach
innen. Acht Wege mit mittelalterlichen Mystikerinnen
232 Seiten, 2007, Band 629
ISBN 978-3-7867-8629-0

Erich Läufer
Botengänger Gottes. Eine Freundschaftserklärung an die Engel
87 Seiten, 2001, Band 389,
ISBN 978-3-7867-8389-3

Willi Lambert
Gott umarmt uns durch die Wirklichkeit
128 Seiten, 2010, Band 731,
ISBN 978-3-8367-0731-2

Leonhard Lehmann
Das Erbe eines Armen. Franziskus-Schriften
200 Seiten, 2003, Band 464,
ISBN 978-3-7867-8464-7

Carlo Maria Martini
Weil ihr Zeugen Christi Seid
160 Seiten, 2010, Band 718,
ISBN 978-3-8367-0718-3

Claudia Nietsch-Ochs
Wenn ich in meinem Garten bin.
Gottesspuren im Grünen
104 Seiten 2010, Band 717,
ISBN 978-3-8367-0717-6

Nikolaus Nonn
Tage im Kloster
96 Seiten, 2011, Band 773,
ISBN 978-3-8367-0773-2

Hans Schaller
Iss, Sonst wird der Weg zu weit
127 Seiten, 2002, Band 477,
ISBN 978-3-7867-8477-7

Hans Schaller
Treue zum eigenen Weg. Ideal oder Überforderung?
142 Seiten, 3. Auflage 2004, Band 518, ISBN 978-3-7867-8518-7

Hans Schaller / Dominik Terstriep
Vom Segen in alltäglichen Dingen
120 Seiten, 2006, 2. Auflage 2009,
Band 609, ISBN 978-3-8367-0609-4

Helmut Schlegel
Ich bin das Feuer, und du bist der Wind. Biblische Meditationen zum Werden und Wachsen des inneren Menschen
112 Seiten, 2008, Band 663,
ISBN 978-3-8367-0663-6

Norbert Scholl
Die Zeichen deuten. Streifzüge durch das Johannesevangelium
160 Seiten, 2005, Band 566,
ISBN 978-3-7867-8575-0

Hans Schaller
Wenn ich beten könnte
128 Seiten, 3. Auflage 2002,
Band 439, ISBN 978-3-7867-8439-5

Hans Schaller
Im Labyrinth meines Lebens. Von Umwegen, die weiterführen
104 Seiten, 2011, Band 756,
ISBN 978-3-8367-0756-5

Hans Schaller
Wenn Vergeben Schwer fällt
101 Seiten, 2. Auflage 2013, Band 307, ISBN 978-3-8367-0307-9

Klemens Schaupp
Gott im Leben entdecken. Einführung in die geistliche Begleitung
192 Seiten, 2. Auflage 2011,
Band 565, ISBN 978-3-8367-0565-3

Norbert Scholl
Dem Stern folgen. Streifzüge durch das Matthäusevangelium
168 Seiten, 2007, Band 643,
ISBN 978-3-8367-0643-8

Dorothee Sölle
Gottes Starke Töchter. Große Frauen in der Bibel
104 Seiten, 2009, Band 688,
ISBN 978-3-8367-0688-9

Christa Spilling-Nöker
Ich Schenke dir ein gutes Wort.
Ermutigungen und Segensworte
96 Seiten, 2009, Band 674,
ISBN 978-3-8367-0674-2

Martin Tamcke
Achtsamkeit in jedem Atemzug.
Einführung in die ostkirch-
liche Spiritualität
128 Seiten, 2007, Band 616,
ISBN 978-3-7867-8616-0

Hermann-Josef Venetz
Der Evangelist des Alltags. Streifzüge durch das Lukasevangelium
198 Seiten, 2006, Band 610,
ISBN 978-3-7867-8610-8

Silja Walter
Die Beichte im Zeichen des
Fisches. Ein geistliches Tagebuch
208 Seiten, 2005, Band 558,
ISBN 978-3-7867-8558-3

Josef Weismayer
Leben aus dem Geist Jesu. Grund-
züge geistlicher Spiritualität
240 Seiten, 2007, Band 611,
ISBN 978-3-7867-8611-9

Fridolin Stier
Wenn aber Gott ist … Persönliche
Erinnerungen und biblische Refle-
xionen
Hg. von Eleonore Beck und
Gabriele Müller
128 Seiten, 2006, Band 579,
ISBN 978-3-7867-8579-1

Werner Thissen
Du bist mein Glück. Leben aus der
Kraft der Begegnung
128 Seiten, 2004, Band 515,
ISBN 978-3-7867-8515-5

Herbert Vorgrimler
Auf dem Weg zum göttlichen
Geheimnis. Meditationen und the-
ologische Besinnungen
262 Seiten, 2000, Band 318,
ISBN 978-3-7867-8318-3

Silja Walter
Das Herz betet von Selbst. Glau-
benserfahrung
Band 804, 2012, 80 Seiten,
ISBN 978-3-8367-0804-3

Ansgar Wiedenhaus
Immer wieder neu anfangen dürfen. Ermutigung und Zuspruch
im Sakrament erfahren
104 Seiten, 2010, Band 710,
ISBN 978-3-8367-0710-7

Saskia Wendel
Christliche Mystik. Eine Einführung
136 Seiten, 2. Auflage 2011, Band 527, ISBN 978-3-8367-0527-1

Paul M. Zulehner
Leibhaftig glauben. Lebenskultur nach dem Evangelium
96 Seiten, 2008, Band 659, ISBN 978-3-8367-0659-9

Jörg Zink
Friede ist in meiner Seele. Täglich ein Text
160 Seiten, 2012, Band 822, ISBN 978-3-8367-0822-7

Spirituelle Texte – Gebet – Meditation

Reinhard Abeln
Freut euch zu jeder Zeit! Gedanken von Mutter Teresa, Franziskus, Hildegard von Bingen, Paul Gerhardt u. a.
96 Seiten, 2011, Band 779, ISBN 978-3-8367-0779-4

Otto Betz
Tastende Gebete
104 Seiten, 2005, Band 574, ISBN 978-3-7867-8574-3

Gabrielle Bossis
Er und ich. Geistliches Tagebuch II
96 Seiten, 13. Auflage 2012, Band 608, ISBN 978-3-8367-0608-7

Reinhard Abeln (Hg.)
Gebete des Herzens
128 Seiten, 2011, Band 750, ISBN 978-3-8367-0750-3

Gabrielle Bossis
Er und ich. Geistliches Tagebuch I
107 Seiten, 20. Auflage 2009, Band 607, ISBN 978-3-8367-0607-0

Gabrielle Bossis
Er und ich. Geistliches Tagebuch III
152 Seiten, 2007, Band 622, ISBN 978-3-7867-8622-1

Madeleine Delbrêl
Gott einen Ort Sichern. Texte –
Gedichte – Gebete
Hg. von Annette Schleinzer
168 Seiten, 2. Auflage 2010, Band
734, ISBN 978-3-8367-0734-3

Luis Espinal
Und haben nur einen Sinn, wenn
wir brennen. Gebete hautnah
96 Seiten, 2008, Band 649,
ISBN 978-3-8367-0649-0

Waltraud Herbstrith
Verweilen vor Gott. Mit Teresa von
Avila, Johannes vom Kreuz und
Edith Stein
106 Seiten, 2. Auflage 2008,
Band 402, ISBN 978-3-8367-0402-1

Thomas von Kempen
Die Nachfolge Christi. Herausgegeben und erläutert von Josef Sud-
brack SJ
176 Seiten, 2. Auflage 2010,
Band 320, ISBN 978-3-8367-8320-8

Leonhard Lehmann (Hg.)
Franziskus-Gebete
96 Seiten, 2011, Band 751,
ISBN 978-3-8367-0751-0

Eugen Drewermann
Wenn der Himmel die Erde
berührt. Meditationen zu den
Gleichnissen Jesu
248 Seiten, 2012, Band 803,
ISBN 978-3-8367-0803-6

Wilhelm Gössmann
Ohne Religion kein Beten? Gebete
– Reflexionen – Verinnerlichen
128 Seiten, 2008, Band 657,
ISBN 978-3-8367-0657-5

Franz Jalics
Lernen wir beten
112 Seiten, 2. Auflage 2010,
Band 564, ISBN 978-3-8367-0564-6

Roswitha Kornprobst (Hg.)
Beten mit Mutter Teresa
80 Seiten, 2010, Band 711,
ISBN 978-3-8367-0711-4

Meister Eckhart
Lass Gott in dir wirken. Gedanken
für jeden Tag
Hg. von Bardo Weiß
128 Seiten, 2010, Band 712,
ISBN 978-3-978-8367-0712-1

Christa Peikert-Flaspöhler
Du träumst in mir, mein Gott.
Frauen beten
95 Seiten, 2000, Band 349,
ISBN 978-3-7867-8349-7

Otto Hermann Pesch
Sprechender Glaube. Heute beten
ca. 144 Seiten, 2013, Band 827,
ISBN 978-3-8367-0827-2

Franz von Sales
Philothea. Anleitung zum religiösen Leben
Übersetzt und herausgegeben von Otto Karrer
228 Seiten, 3. Auflage 2011,
Band 329, ISBN 978-3-8367-0329-1

Walburga Storch (Hg.)
Gebete der hl. Hildegard von Bingen. Mit einer Einführung von Caecilia Bonn OSB
112 Seiten, 2012, Band 820,
ISBN 978-3-8367-0820-3

Die Wüstenväter
Sag mir ein gutes Wort. Gedanken für jeden Tag
Ausgewählt und herausgegeben von Bonifaz Miller OSB
Band 796, 2012, 112 Seiten,
ISBN 978-3-8367-0796-1

Christa Peikert-Flaspöhler
Im Leben Such ich dich, Maria.
Gedichte, Gebete, Betrachtungen
160 Seiten, 2002, Band 426,
ISBN 978-3-7867-8426-5

Margareta Porete
Der Spiegel der einfachen Seelen.
Mystik der Freiheit
Hg. von Louise Gnädinger
296 Seiten, 2010, Band 719,
ISBN 978-3-978-8367-0719-0

Ursula Sattler
Wege der Begegnung mit Gott.
Formen des meditativen Gebets
160 Seiten, 2009, Band 667,
ISBN 978-3-8367-0667-4

Mutter Teresa
Die wahre Liebe. Geistliche Texte
104 Seiten, 2007, Band 623,
ISBN 978-3-7867-8623-8

Jörg Zink
Dem Herzen nahe. Ein Spirituelles Lesebuch
144 Seiten, 2007, Band 627,
ISBN 978-3-7867-8627-6

Spirituelle Lebensorientierung

Reinhard Abeln
Zum Glück gibt's Enkelkinder. Ein Lesebuch
144 Seiten, 2009, Band 683,
ISBN 978-3-8367-0683-4

Reinhard Abeln
So gelingt das Leben. Schritte, die weiterhelfen
128 Seiten, 2009, Band 669,
ISBN 978-3-8367-0669-8

Otto Betz
Vom Glück des Augenblicks. Den Alltag bewußt leben
149 Seiten, 2002, Band 444,
ISBN 978-3-7867-8444-9

Stefan Blarer
Die Kunst Seelsorgerlihe Liebe. Plädoyer für einen erneuerten Zölibat
96 Seiten, 2012, Band 787,
ISBN 978-3-978-8367-0787-9

Roswitha Dockenhoff
Wunden, die zum Leben führen
120 Seiten, 2007, Band 626,
ISBN 978-3-7867-8626-9

Reinhard Abeln
Wenn du meinst, es geht nicht mehr. Vom Umgang mit dem Leid
144 Seiten, 2007, Band 618,
ISBN 978-3-7867-8618-4

Reinhard Abeln / Anton Kner
Am Abend leuchten die Sterne. Wie man alt werden und zugleich jung bleiben kann
119 Seiten, 2003, Band 457,
ISBN 978-978-3-7867-8457-9

Otto Betz
Vom Umgang mit der Zeit. Ein Gradmesser unserer Lebenskunst
126 Seiten, 2004, Band 516,
ISBN 978-3-7867-8516-3

Peter Bubmann / Bernhard Sill (Hg.)
Aufbrechen und Innehalten. Wege christlicher Lebenskunst
96 Seiten, 2010, Band 724,
ISBN 978-3-8367-0724-4

Anselm Grün
Einladung zum Leben
128 Seiten, 2012, Band 814,
ISBN 978-3-8367-0814-2

Anselm Grün
Gut mit Sich Selbst umgehen
104 Seiten, 3. Aufl. 2011, Band 721,
ISBN 978-3-8367-0721-3

Anselm Grün
Jeden Tag leben. Täglich ein Text
152 Seiten, 2011, Band 784,
ISBN 978-3-8367-0784-8

Manfred Hanglberger
Sinnvoll leben. Das eigene
Glückspotential verwirklichen
144 Seiten, 2010, Band 745,
ISBN 978-3-8367-0745-9

Manfred Hanglberger
Bin ich denn nichts wert? Der Weg
zu einem gesunden Selbstwert-
gefühl
124 Seiten, 2. Aufl. 2007, Band 481
ISBN 978-3-7867-8481-4

Manfred Hanglberger
Ich bin Schuld! Der Sinnvolle
Umgang mit Schuldgefühlen
168 Seiten, 2006, Band 485,
ISBN 978-3-7867-8485-2

Manfred Hanglberger
Signale des Unbewussten. Ängste
verstehen und bewältigen
120 Seiten, 2. Auflage 2000, Band
312, ISBN 978-3-7867-8312-1

Anselm Grün
Lebe dein Leben
144 Seiten, 3. Aufl. 2011, Band 658,
ISBN 978-3-8367-0658-2

Manfred Hanglberger
Die Geburt des ICH. Wie die Seele
„zur Welt kommt"
180 Seiten, 4. Auflage 2008,
Band 354, ISBN 978-3-8367-0354-3

Manfred Hanglberger
Wenn Liebe Leiden Schafft. Wege
und Irrwege in der Partnerbezie-
hung
157 Seiten, 2004, Band 483,
ISBN 978-3-7867-8483-8

Manfred Hanglberger
Fühle deine Seele
96 Seiten, 2010, Band 725,
ISBN 978-3-8367-0715-1

Manfred Hanglberger
Ich bin zornig – und das ist gut So!
Wut verstehen und nutzen
120 Seiten, 2003, Band 482,
ISBN 978-3-7867-8482-1

Manfred Hanglberger
Tränen, die heilen. Neue Wege der
Trauerarbeit
160 Seiten, 2. Auflage 2010,
Band 484, ISBN 978-3-8367-0484-7

Albert Höfer
Erlösung will erfahrbar Sein.
Erlösungsvorstellungen und ihre
heilende Wirkung
127 Seiten, 2002, Band 417,
ISBN 978-3-7867-8417-3

Peter Paul Kaspar
Die Uhren lügen. Von der Gelassenheit im Umgang mit der Zeit
96 Seiten, 2006, Band 614,
ISBN 978-3-7867-8614-6

Elisabeth Lukas
Familienglück. Verstehen – Annehmen – Lieben
Band 812, 2012, 192 Seiten,
ISBN 978-3-8367-0812-8

Francis MacNutt
Die Kraft zu heilen. Durch Gebet und Meditation
264 Seiten, 2000, Band 333,
ISBN 978-3-7867-8333-6

Sabine Meck / Dieter Voigt
Glück und Gelassenheit. Wege zu einem erfüllten Leben
176 Seiten, 2012, Band 780,
ISBN 978-3-978-8367-0780-0

Wunibald Müller
Ekstase. Sexualität und Spiritualität
128 Seiten, 1999, Band 306,
ISBN 978-3-7867-8306-0

Markus Hofer
Kinder brauchen Väter. Söhne und Töchter über ihre Väter
128 Seiten, 2001, Band 413,
ISBN 978-3-7867-8413-5

Erich Kock
Jeden Morgen weckt mich das Licht. Vom Älterwerden
96 Seiten, 2. Auflage 2009,
Band 678, ISBN 978-3-8367-0678-0

Elisabeth Lukas
Aus Krisen gestärkt hervorgehen
ca. 160 Seiten, 2013, Band 818,
ISBN 978-3-8367-0818-0

Michael Marsch
Komm, Schöpfer Geist. Heilung durch die Bibel
144 Seiten, 1999, Band 314,
ISBN 978-3-7867-8314-5

Peter Müller
Leichter leben. Ein Fastenbegleiter
ca. 96 Seiten, 2013, Band 818,
ISBN 978-3-8367-0818-0

Wunibald Müller
Vom Kusse Seines Mundes trunken.
Sexualität als Quelle der Spiritualität
Band 802, 2012, 96 Seiten,
ISBN 978-3-8367-0802-9

Wunibald Müller
Liebe und Zölibat. Wie eheloses
Leben gelingen kann
160 Seiten, 2. Auflage 2012,
Band 772, ISBN 978-3-8367-0772-5

Wunibald Müller
Auf der Suche nach der verlorenen Seele
196 Seiten, 2006, Band 590,
ISBN 978-3-7867-8590-3

Otto Hermann Pesch
Christliche Lebenspraxis
384 Seiten, 2003, Band 499,
ISBN 978-3-7867-8499-9

Richard Rohr,
Wasilios E. Fthenakis u. a.
Vater, Sohn und Männlichkeit. Wie
der Mann zum Mann wird
128 Seiten, 2. Auflage 2011,
Band 661, ISBN 978-3-8367-0661-2

Johann Michael Sailer
Tröstendes Wort. Kleine Krankenbibel
Hg. von Konrad Baumgartner
176 Seiten, 2011, Band 764,
ISBN 978-3-8367-0764-0

Wunibald Müller
Trau deiner Seele
144 Seiten, 2010, Band 730,
ISBN 978-3-8367-0730-5

Hermann Multhaupt
Der Abend wirft Sanfte Schatten.
Gebete für die zweite Lebenshälfte
128 Seiten, 2010, Band 700,
ISBN 978-3-8367-0700-8

Edda Reschke
Mit Märchen trauern lernen
102 Seiten, 2002, Band 425,
ISBN 978-3-7867-8425-8

Klaus Roos
Geh deinen Weg und Sei ganz.
Impulse für ein christliches Leben
232 Seiten, 2004, Band 540,
ISBN 978-3-7867-8540-8

Hans Schaller
Wie finde ich meinen Weg. Eine
christliche Lebenshilfe
144 Seiten, 2006, Band 580,
ISBN 978-3-7867-8580-4

Eberhard Schockenhoff
Krankheit – Gesundheit – Heilung.
Wege zum Heil aus biblischer Sicht
173 Seiten, 2001, Band 406,
ISBN 978-3-7867-8406-7

Ulrike Seifert (Hg.)
Kraftquellen für Leib, Seele und Geist
135 Seiten, 2002, Band 427,
ISBN 978-3-7867-8427-2

Dieter Voigt / Sabine Meck
Von der Gelassenheit. Lebensziel und Weg
176 Seiten, 2008, Band 655,
ISBN 978-3-8367-0655-1

Peter Wild
Wer langsam geht, geht weit. Alternativen zur Überhohlspur
160 Seiten, 2011, Band 738,
ISBN 978-3-8367-0738-1

Christian Schramm
Ruhe – ein Geschenk aus Gottes Schatzkammer
160 Seiten, 2005, Band 572,
ISBN 978-3-7867-8572-9

Hansjosef Theyßen
Die ewige Suche des Menschen nach dem Glück. Erlebte Geschichten
96 Seiten, 2002, Band 442,
ISBN 978-3-7867-8442-5

Gerhard Wehr
Unterwegs zu Sich Selbst. Abenteuer Lebensmitte
152 Seiten, 2009, Band 704,
ISBN 978-3-8367-0704-6

Tod und Trauer – Trost und Hoffnung

Lore Bartholomäus
Ich möchte an der Hand eines Menschen Sterben. Der Alltag eines Hospizes als Herausforderung für den Glauben
88 Seiten, 2004, Band 519,
ISBN 978-3-7867-8519-4

Leonardo Boff
Was kommt nachher? Das Leben nach dem Tode
160 Seiten, 2009, Band 690,
ISBN 978-3-8367-0690-2

Johannes Brantschen
Leben vor und nach dem Tod. Die
Hoffnung der Christen
128 Seiten, 2010, Band 699,
ISBN 978-3-8367-0699-5

Angelika Daiker
Es wird wieder Schön aber anders.
Ein Buch für verwitwete Frauen
144 Seiten, 2010, Band 748,
ISBN 978-3-8367-0748-0

Peter Fässler-Weibel (Hg.)
Wie ein Blitz aus heiterem
Himmel. Vom plötzlichen Tod
und Seine Folgen
312 Seiten, 2004, Band 542,
ISBN 978-3-7867-8542-2

Peter Fässler-Weibel (Hg.)
Wenn Kinder Sterben
272 Seiten, 2008, Band 660,
ISBN 978-3-8367-0660-6

Peter Fässler-Weibel (Hg.)
Gelebte Trauer. Vom Umgang mit
Angehörigen bei Sterben und Tod
184 Seiten, 2003, Band 479,
ISBN 978-3-7867-8479-5

Petra Gaidetzka
Es bleibt die Hoffnung. Zuspruch
für Trauernde
112 Seiten, 2008, Band 675,
ISBN 978-3-8367-0675-9

Claudia Cardinal
Trauerheilung. Ein Wegbegleiter
216 Seiten, 2011, Band 761,
ISBN 978-3-8367-0761-9

Dorothee Döring
Den Weg durch Leid und Trauer
gemeinsam gehen
143 Seiten, 2004, Band 538,
ISBN 978-3-7867-8538-5

Peter Fässler-Weibel (Hg.)
Wenn Eltern Sterben
232 Seiten, 2. Auflage 2010,
Band 522, ISBN 978-3-8367-0522-6

Peter Fässler-Weibel (Hg.)
Sterbende verstehen lernen
272 Seiten, 2006, Band 593,
ISBN 978-3-7867-8593-4

Peter Fässler-Weibel
Nahe Sein in Schwerer Zeit. Zur
Begleitung von Angehörigen Sterbender
190 Seiten, 2. Auflage 2009,
Band 412, ISBN 978-3-8367-0412-0

Adrian Holderegger
Suizid – Leben und Tod im Widerstreit
137 Seiten, 2002, Band 432,
ISBN 978-3-7867-8432-6

Klaus Schäfer
Spuren kleiner Füße. Erst Hilfe
nach dem Tod eines Kindes
144 Seiten, 2012, Band 775,
ISBN 978-3-978-8367-0775-6

Georg Schwikart
Bruder Tod. Leben mit der Sterblichkeit
96 Seiten, 2005, Band 560,
ISBN 978-3-7867-8560-6

Helga Strätling-Tölle
Übergänge. Geschichten vom
Leben und Sterben
142 Seiten, 2000, Band 346,
ISBN 978-3-7867-8346-6

Georg Schwikart
Niemand geht ohne Spuren. Mit
dem Tod leben
144 Seiten, 2011, Band 752,
ISBN 978-3-8367-0752-7

Bernhard Sill
Die Kunst des Sterbens
104 Seiten, 2009, Band 691,
ISBN 978-3-8367-0691-9

Anne-Marie Vermaat
Liebes, due fehlst mir So. Sichtbare
Trauer – Spürbarer Trost
112 Seiten, 2009, Band 680,
ISBN 978-3-8367-0680-3

Literarisches

Werner Bergengruen
Römisches Erinnerungsbuch
160 Seiten, 2012, Band 800,
ISBN 978-3-8367-0800-5

Kathleen Göbel
Tiere des Himmels. Weisheitsgeschichten aus dem Orient
Mit einem Vorwort von Rainer
Hagencord
ca. 240 Seiten, 2013, Band 806,
ISBN 978-3-8367-0806-7

Josef Gelmi
Die Schönsten Papstanekdoten.
Von Petrus bis Benedikt XVI.
Mit Zeichnungen von Peter Schwienbacher
144 Seiten, 2012, Band 817,
ISBN 978-3-8367-0817-3

Karl-Josef Kuschel
„Vielleicht hält Gott Sich einige
Dichter...." Literarische Skizzen
Band 1
344 Seiten, 2005, Band 556,
ISBN 978-3-7867-8556-9

Susanne Sandherr /
Dorothee Sandherr-Klemp (Hg.)
Bleibt ihr Engel, bleibt bei mir.
Engelgedichte
128 Seiten, 2008
Band 654, ISBN 978-3-8367-0654-0

Georg Schwikart (Hg.)
Engel für unsere Zeit. Neue
Geschichten und Gedichte
112 Seiten, 2009, Band 693,
ISBN 978-3-8367-0693-3

Wilhelm Willms
alle nächte werden hell. Ausgewählte Texte
Mit einer Einführung von Berthold
Weckmann
112 Seiten, 2006, Band 584,
ISBN 978-3-7867-8584-2

Hans-Rüdiger Schwab
Gott im Gedicht. Ein Streifzug
durch die deutschsprachige Lyrik
192 Seiten, 2007, Band 600,
ISBN 978-3-7867-8600-9

Theodor Weißenborn
Die Frau, die meine Tochter war.
Erzählungen
101 Seiten, 2002, Band 455,
ISBN 978-3-7867-8455-3

Weihnachten und Ostern

Reinhard Abeln
Ein Fest der Freude. Geschichten
zur Weihnachtszeit
128 Seiten, 2007, Band 637,
ISBN 978-3-8367-0637-4

Reinhard Abeln
Weihnachten entgegen. Geschichten und Gedichte
142 Seiten, 2004, Band 531,
ISBN 978-978-3-7867-8531-6

Reinhard Abeln
Alle Knospen Springen auf. Lesebuch zu Ostern
128 Seiten, 2005, Band 548,
ISBN 978-3-7867-8548-4

Elisabeth Bernet
Im gefällten Baum nistet kein
Vogel. Geschichten und Motive zu
Ostern
152 Seiten, 2011, Band 735,
ISBN 978-3-8367-0735-0

Elisabeth Bernet
Der Mantel des Sterndeuters.
Geschichte und Motive zu Weihachten
140 Seiten, 2. Auflage 2011,
Band 774, 978-3-8367-0774-9

Rudolf Bischof / Klaus Gasperi (Hg.)
Weil wir im Herzen barfuß Sind.
Ein Lesebuch zur Advents- und Weihnachtszeit
207 Seiten, 4. Auflage 2011,
Band 394, ISBN 9783-8367-0394-9

Eva Dicks (Hg.)
Es kam ein Engel hell und klar.
Ein Lesebuch zu Adent und Weihnachten
144 Seiten, 2005, Band 562,
ISBN 978-3-7867-8562-7

Marlene Fritsch (Hg.)
Wie das Christkind in die Windeln kam und andere ungewöhnliche Geschichten
ca. 128 Seiten, 2012, Band 828,
ISBN 978-3-8367-0828-9

Romano Guardini
Nähe des Herrn. Betrachtungen über Advent, Weihnachten, Jahreswende und Epiphanie
96 Seiten, 2009, Band 707,
ISBN 978-3-8367-0707-7

Günter Jena
Brich an, o Schönes Morgenlicht.
Das Weihnachtsoratorium von Johann Sebastian Bach
256 Seiten, 2009, Band 708,
ISBN 978-3-8367-0708-4

Kurt Koch
Vom Wunder der Weihnacht.
Meditationen zu Advent und Weihnachten
159 Seiten, 2003, Band 507,
ISBN 978-3-7867-8507-1

Hermann Joseph Kohl
(K)ein Stern Stand über Betlehem.
Eine kleine Weihnachtskunde
104 Seiten, 2007, Band 639,
ISBN 978-3-8367-0639-1

Hermann Multhaupt (Hg.)
Es duftet nach Weihnachten. Texte von J. W. Goethe, Adalbert Stifter, Theodor Storm, Hermann Löns, Peter Rosegger u. a.
128 Seiten, 2010, Band 744,
ISBN 978-3-8367-0744-2

Hermann Multhaupt (Hg.)
Am Weihnachtsbaum die Lichter brennen. Die Schönsten Gedichte und Lieder von Advent bis Dreikönig
96 Seiten, 2011, Band 781,
ISBN 978-3-8367-0781-7

Heidi Rose (Hg.)
Zu Betlehem geboren. Geschichten und Gedichte
128 Seiten, 2003, Band 497,
ISBN 978-3-7867-8497-5

Jos Rosenthal
Rote Mütze, weißer Bart. Sankt Nikolaus – ein Phänomen
118 Seiten, 2002, Band 447,
ISBN 978-3-7867-8447-0

Tobias Schmid (Hg.)
Wenn Engel mit den Sternen Spielen
144 Seiten, 2009, Band 698,
ISBN 978-3-8367-0698-8

Pierre Stutz
Bei Sich Selber zu Hause Sein. Ein Adventskalender
80 Seiten, 2007, Band 651,
ISBN 978-3-8367-0651-3

Christoph Wrembek
Quirinius, die Steuer und der Stern. Warum Weihnachten wirklich in Betlehem war
304 Seiten, 2006, Band 612,
ISBN 978-3-7867-8612-2

Heidi Rose (Hg.)
Vom Eise befreit. Texte für Frühjahr und Ostern
111 Seiten, 2003, Band 463,
ISBN 978-3-7867-8463-0

Martin Schmeisser (Hg.)
Wenn es Weihnachten wird. Ein Taschenbuch-Adventskalender
80 Seiten, 2009, Band 703,
ISBN 978-3-8367-0703-9

Georg Schwikart /
Michael Vogt (Hg.)
Seht, die gute Zeit ist nah. Ein Adventskalender-Lesebuch
128 Seiten, 2006, Band 596,
ISBN 978-3-7867-8596-5

Bernhard Wagner
Frohe Weihnachten. Weihnachtsgrüße damals und heute
144 Seiten, 2007, Band 640,
ISBN 978-3-8367-0640-7

Theologische Reflexionen und Essays

Eva Maria Faber
„Du neigst die mir zu und machst mich groß". Zur Theologie von Gnade und Rechtfertigung
160 Seiten, 2005, Band 576,
ISBN 978-3-7867-8576-7

Peter Fonk
Das Gewissen. Was es ist – wie es wirkt – wie weit es bindet
205 Seiten, 2004, Band 543,
ISBN 978-3-7867-8543-9

Anton Grabner-Haider
Hitlers Theologie des Todes
176 Seiten, 2009, Band 682,
ISBN 978-3-8367-0682-7

Gisbert Greshake
Gnade – Geschenk der Freiheit. Eine Hinführung
184 Seiten, 2004, Band 521,
ISBN 978-3-7867-8521-7

Rainer Hagencord
Gott und die Tiere. Ein Perspektivenwechsel
144 Seiten, 2008, Band 632,
ISBN 978-3-7867-8632-0

Medard Kehl
Und was kommt nach dem Ende. Vom Weltuntergang und Vollendung, Wiedergeburt und Auferstehung
206 Seiten, 2. Auflage 2008,
Band 571, ISBN 978-3-8367-0571-4

Medard Kehl
Dein Reich komme. Entwurf einer christlichen Eschatologie
370 Seiten, 2003, Band 498,
ISBN 978-3-7867-8498-2

Hans Kessler
Sucht den Lebenden nicht bei den Toten. Die Auferstehung Jesu Christi
528 Seiten, 2. Auflage 2011,
Band 419, ISBN 978-3-8367-0419-0

Hans Kessler
Das Leid in der Welt – ein Schrei nach Gott
148 Seiten, 2007, Band 631,
ISBN 978-3-7867-8631-3

Wolfgang Klausnitzer
Jesus von Nazaret. Lehrer – Messias – Gottessohn
143 Seiten, 2001, Band 381,
ISBN 978-3-7867-8381-7

Günter Koch
Sakramente – Hilfen zum Leben
174 Seiten, 2001, Band 380,
ISBN 978-3-7867-8380-0

Günter Koch
Sakramentale Symbole. Grundweisen des Heilshandelns Gottes
142 Seiten, 2001, Band 404,
ISBN 978-3-7867-8404-3

Jakob Johannes Koch
Heiliger Haydn? Der Begründer der Wiener Klassik und Seine Religiosität
240 Seiten, 2009, Band 694,
ISBN 978-3-8367-0694-0

Jürgen Manemann
Über Freunde und Feinde. Brüderlichkeit Gottes
112 Seiten, 2008, Band 656,
ISBN 978-3-8367-0656-8

Karl-Heinz Menke
Handelt Gott, wenn ich ihn bitte?
197 Seiten, 3. Auflage 2008,
Band 331, ISBN 978-3-3867-0331-4

Judith Müller
Im Dienst der Kirche Christi. Zum Verständnis des kirchlichen Amtes heute
135 Seiten, 2000, Band 358,
ISBN 978-3-7867-8358-9

Klaus Müller
Gott erkennen. Das Abenteuer der Gottesbeweise
140 Seiten, 2001, Band 405,
ISBN 978-3-7867-8405-0

Thomas Moritz Müller /
Reiner Schlotthauer (Hg.)
Gott denkend entdecken. Meilensteine der Theologie
376 Seiten, 2012, Band 801,
ISBN 978-3-8367-0801-2

Peter Neuner
Die heilige Kirche der Sündigen Christen
184 Seiten, 2002, Band 454,
ISBN 978-3-7867-8454-8

Otto Hermann Pesch
Heute Gott erkennen
192 Seiten, 2012, Band 811,
ISBN 978-3-8367-0811-1

Josef Pieper
Glück und Kontemplation
96 Seiten, 2012, Band 766,
ISBN 978-3-978-8367-0766-4

Josef Pieper
Zustimmung zur Welt. Eine Theorie des Festes
96 Seiten, 2012, Band 765,
ISBN 978-3-978-8367-0765-7

Willibald Sandler
Der verbotene Baum im Paradies. Was es mit dem Sündenfall auf Sich hat
208 Seiten, 2009, Band 689,
ISBN 978-3-8367-0689-6

Thomas Schärtl
Wahrheit und Gewißheit. Zur Eigenart religiösen Glaubens
174 Seiten, 2004, Band 526,
ISBN 978-3-7867-8526-2

Roman A. Siebenrock
Christliches Martyrium. Worum es geht
104 Seiten, 2009, Band 662,
ISBN 978-3-8367-0662-9

Konrad Zillober
Toleranz. Vom Urvertrauen zur Konfliktfähigkeit
168 Seiten, 2003, Band 508,
ISBN 978-3-7867-8508-8

Josef Pieper
Tod und Unsterblichkeit
160 Seiten, 2012, Band 793,
ISBN 978-3-8367-0793-0

Karl Rahner
Erinnerungen. Im Gespräch mit Meinold Krauss
119 Seiten, 2001, Band 385,
ISBN 978-3-7867-8385-5

Willibald Sandler
Die gesprengten Fesseln des Todes. Wie wir durch das Kreuz erlöst Sind
192 Seiten, 2011, Band 701,
ISBN 978-3-8367-0701-5

Stefan Scholz
Glauben und zweifeln. Eine theologische Meditation
80 Seiten, 2006, Band 594,
ISBN 978-3-7867-8594-1

Bertram Stubenrauch
Dreifaltigkeit
151 Seiten, 2002, Band 434,
ISBN 978-3-7867-8434-0

Romano Guardini

Barbara Gerl-Falkovitz
Romano Guardini. Konturen des Lebens und Spuren des Denkens
328 Seiten, 2. Auflage 2010,
Band 553, ISBN 978-3-8467-0553-0

Romano Guardini
Briefe über Selbstbildung. Bearbeitet von Ingeborg Klimmer
184 Seiten, 2. Auflage 2001, Band 399, ISBN 978-3-7867-8399-2

Romano Guardini
Engel. Theologische Betrachtungen
96 Seiten, 2. Auflage 2008,
Band 337, ISBN 978-3-8367-0337-6

Romano Guardini
Das Gebet des Herrn
112 Seiten, 10. Auflage 2011, Band 366, ISBN 978.3-8367-0366-6

Romano Guardini
Der Kreuzweg unseres Herrn und Heiland
70 Seiten, 7. Auflage 2010,
Band 386, ISBN 978-3-8367-0386-4

Romano Guardini
Die Annahme Seiner Selbst. Den Menschen erkennt nur, wer von Gott weiß
77 Seiten, 7. Auflage 2008, Band 490, ISBN 978-3-8367-0490-8

Romano Guardini
Die letzten Dinge
128 Seiten, 2. Auflage 2008,
Band 461, ISBN 978-3-8367-0461-8

Romano Guardini
„Damit Europa werde ..." Wirklichkeit und Aufgabe eines zusammenwachsenden Kontinents
93 Seiten, 2003, Band 505,
ISBN 978-3-7867-8505-7

Romano Guardini
Grundlegung der Bildungslehre. Versuch einer Bestimmung des Pädagogisch-Eigentlichen
80 Seiten, 2000, Band 338,
ISBN 978-3-7867-8338-2

Romano Guardini
Vom Leben des Glaubens
160 Seiten, 3. Auflage 2009,
Band 684, ISBN 978-3-8367-0684-1

Romano Guardini
Die Lebensalter. Ihre ethische und
pädagogische Bedeutung
100 Seiten, 5. Auflage 2008, Band
400, ISBN 978-3-8367-0400-9

Romano Guardini
Gib Raum den Dingen. Ein Lesebuch
Eingeleitet und ausgewählt von
Hanna-Barbara Gerl-Falkovitz
ca. 144 Seiten, 2013, Band 830,
ISBN 978-3-8367-0830-2

Romano Guardini
Der Rosenkranz Unserer Lieben
Frau
85 Seiten, 7. Auflage 2009,
Band 460, ISBN 978-3-8367-0460-1

Romano Guardini
Vom Sinn der Schwermut
107 Seiten, 9. Auflage 2008,
Band 511, ISBN 978-3-8367-0511-0

Romano Guardini
Über das Wesen des Kunstwerkes
104 Seiten, 2005, Band 554,
ISBN 978-3-7867-8554-5

Romano Guardini
Von heiligen Zeichen
82 Seiten, 6. Auflage 2008,
Band 365, ISBN 978-3-8367-0365-9

Romano Guardini
Deutscher Psalter
280 Seiten, 2010, Band 720,
ISBN 978-3-8367-0720-6

Romano Guardini
Italienische Reisen. Meditationen
zu Landschaften
107 Seiten, 2000, Band 336,
ISBN 978-3-7867-8336-7

Romano Guardini
Geistliche Schriftauslegung. Mit
einem Nachwort von Heinrich
Kahlefeld
104 Seiten, 1993, Band 231,
ISBN 978-3-7867-1696-9

Romano Guardini
Der Sonntag. gestern – heute –
immer
96 Seiten, 4. Auflage 2008,
Band 364, ISBN 978-3-8367-0364-2

Romano Guardini
Wunder und Zeichen.
84 Seiten, 1991, Band 208,
ISBN 978-3-7867-1548-1

Autorenregister

Abeln, Reinhard 81, 87, 110, 121, 127, 134, 137, 144
Alkofer, Andreas Pazifikus 121

Bachl, Gottfried 127
Baltes, Gisela 82, 86, 89, 99, 122,
Bamberg, Corona 127
Bartholomäus, Lore 141
Baumgartner, Konrad 122, 140
Beck, Eleonore 133
Becker-Huberti, Manfred 114
Beinert, Wolfgang 114
Benedikt XVI. 119
Bergengruen, Werner 49, 143
Bernet, Elisabeth 113, 144, 145
Betz, Otto 127, 134, 137
Bieger, Eckhard 114, 125
Bischof, Rudolf 145
Blarer, Stepan 137
Boff, Leonardo 114, 128, 141
Bosco, Teresio 94, 122
Bossis, Gabrielle 134
Boulad, Henri 128
Brantschen, Johannes 142
Brantzen, Hubertus 128
Breemen, Piet van 128
Breitenbach, Roland 114
Broch, Thomas 128
Bruners, Wilhelm 128
Brunst, Monika Dorothea 128
Bubmann, Peter 137
Bundschuh-Schramm, Cristiane 128

Cardinal, Claudia 142

Daiker, Angelica 142
Dassmann, Ernst 65
Delbrêl, Madeleine 135
Demel, Sabine 114
Dicks, Eva 145
Dockenhoff, Roswitha 137
Dohmen, Christoph 115
Dondelinger, Patrick 122
Döring, Dorothee 142
Drewermann, Eugen 18, 135
Drouve, Andreas 83, 122, 128, 129
Dyckhoff, Peter 129

Eckhart, Meister 135
Ebner, Peter 122
Eggensperger, Thomas 115
Engel, Ulrich 115
Engling, Clemens 122
Espinal, Luis 135
Ewald, Günter 115

Faber, Eva Maria 147
Fässler-Weibel, Peter 142
Felicetti, Corista 125
Fietzek, Petra 122, 129
Findeisen, Jörg-Peter 122
Fonk, Peter 147
Fraesdorff, David 122
Frankemölle, Hubert 115
Franz von Sales 136

Fritsch, Marlene	145	Holderegger, Adrian	142
Fthenakis, Wasilios E.	140	Hume, Basil	130
		Hurka, Peter	116
Gaidetzka, Petra	14		
Gasperi, Klaus	145	Illa, Andreas	116
Gelmi, Josef	115, 143	Imbach, Josef	130
Gerl-Falkovitz, Hanna-Barbara	150		
Gnädinger, Louise	123, 136	Jacobi, Jana	117
Göbel, Kathleen	143	Jalics, Franz	135
Goertz, Hajo	115, 129	Jena, Günter	145
Gössmann, Wilhelm	135	Jochum, Uwe	117
Grabner-Haider, Anton	115, 147	Johne, Karin	130
Greshake, Gisbert	129, 147		
Grom, Bernhard	116	Kaspar, Peter Paul	139
Große Kracht, Hermann Josef	123	Kehl, Medard	147
Grün, Anselm	137, 138	Kempen, Thomas von	135
Guardini, Romano	145, 150–151	Kessler, Hans	147
		Kiesner, Cosima	124
Hagencord, Rainer	147	Klammer, Ursula	124
Hagmann, Rudolf	129	Klausnitzer, Wolfgang	147
Hanglberger, Manfred	138	Klöckner, Julia	55
Hartmann, Gerhard	94, 116, 120, 122	Kner, Anton	127, 137
Haub, Rita	116, 123	Koch, Günter	148
Heizer, Martha	116	Koch, Jakob Johannes	148
Henrix, Hans Hermann	125	Koch, Kurt	145
Herbstrith, Waltraud	123, 129, 135	Kock, Erich	139
Hieke, Thomas	115	Kohl, Hermann Joseph	145
Hierzenberger, Gottfried	116, 129	Kornprobst, Roswitha	135
Hipp, Theo	114	Kramer, Kurt	72, 117
Höfer, Albert	139	Kranz, Gisbert	27, 124
Hofer, Markus	123, 139	Krätzl, Helmut	130
Hoff, Gregor Maria	116	Kräutler, Erwin	99
Hoffsümmer, Willi	111, 129	Krauss, Meinold	149
Hofmann, Gertrud	116	Krebber, Werner	116
Hohn-Morisch, Ludger	130	Kreidler-Kos, Martina	24, 90, 124, 131

Kulmer, Hannes	125	Neuner, Peter	148
Kuschel, Karl-Josef	143	Nietsch-Ochs, Claudia	131
Kuster, Niklaus	124, 131	Nonn, Nikolaus	30, 132

La Dous, S. Lydia	124	Oeldemann, Johannes	118
Lambert, Willi	131		
Läufer, Erich	131	Paganini, Claudia und Simon	118
Lehmann, Leonhard	131, 135	Patenge, Martina	119
Leimgruber, Stephan	116, 125	Patzek, Martin	118
Leitgöb, Martin	39, 46, 117	Peikert-Flaspöhler, Christa	136
Leitschuh, Marcus C.	117	Pesch, Otto Hermann	60, 79, 118, 136, 140, 148
Liebmann, Maximilian	117		
Lill, Rudolf	117	Pieper, Josef	103, 149
Lipp, Hans	124	Porete, Margareta	136
Lukas, Elisabeth	11, 139		
Lüning, Peter	117	Rahner, Karl	149
		Rath, Philippa	119
MacNutt, Francis	139	Ratzinger, Joseph	119
Maier, Hans	56, 117, 119		
Manemann, Jürgen	148	Reiter, Johannes	119
Marsch, Michael	139	Reschke, Edda	140
Martini, Carlo	131	Rohr, Richard	140
Matussek, Matthias	69		
Meck, Sabine	15, 139, 141		
Menke, Karl-Heinz	148	Roos, Klaus	140
Mielenbrink, Egon	118	Rose, Heidi	120, 146
Miller, Gabriele	133	Rosegger, Elisabeth	125
Mörike, Eduard	112	Rosenthal, Jos	119, 129, 146
Müller, Dagmar	131	Röttger, Ancilla	124
Müller, Judith	148	Rotzetter, Anton	124
Müller, Klaus	148	Rupp, Walter	124
Müller, Peter	139		
Müller, Thomas Moritz	148	Sailer, Johann Michael	140
Müller, Wunibald	33, 139, 140	Sales, Franz von	136
Multhaupt, Hermann	140, 145	Sandherr, Susanne	144
		Sandherr-Klemp, Dorothee	144

Sandler, Willibald	149	Strätling-Tölle, Helga	143
Sattler, Johanna	136	Stratmann, Maria Andrea	122
Schäfer, Klaus	102, 143	Stubenrauch, Bertram	149
Schaller, Hans	132, 140	Stutz, Pierre	146
Schärtl, Thomas	149	Sudbrack, Josef	135
Schaupp, Klemens	132		
Schlager, Stefan	125	Tamcke, Martin	133
Schlegel, Helmut	132	Teresa, Mutter	136
Schlosser, Marianne	124	Terstriep, Dominik	132
Schlotthauer, Reiner	148	Theyßen, Hansjosef	141
Schmeisser, Martin	146	Thissen, Werner	133
Schmid, Tobias	146	Thomas von Kempen	135
Schneider, Theodor	119	Trautmann, Markus	125
Schockenhoff, Eberhard	141	Troll, Christian	127
Scholl, Norbert	132		
Scholz, Stefan	149	Venetz, Hermann-Josef	133
Schramm, Christian	141	Vermaat, Anne-Marie	143
Schütz, Christian	119	Vogt, Michael	146
Schwab, Hans-Rüdiger	144	Voigt, Dieter	15, 139, 141
Schwikart, Georg	119, 125, 143, 144, 146	Vorgrimler, Herbert	37, 120, 133
		Voss, Gerhard	120
Seeger, Hans-Karl	124, 125		
Seelhöfer, Dorothee	125	Wagner, Bernhard	146
Seifert, Ulrike	141	Wald, Berthold	125
Siebenrock, Roman	149	Waldenfels, Hans	127
Sill, Bernhard	137, 143	Walter, Silja	106, 133
Sohn, Andreas	119	Weckmann, Berthold	144
Sohn-Kronthaler, Michaela	119	Wehr, Gerhard	141
Sölle, Dorothee	132	Weismayer, Josef	133
Sommer. Christine	125	Weißenborn, Theodor	144
Spilling-Nöker, Christa	132	Wendel, Saskia	134
Stambolis, Barbara	119	Widmann, Gertrud	120
Steger, Brunhilde	120	Wiedenhaus, Ansgar	133
Stier, Fridolin	133	Wiese, Hans-Ulrich	125
Stöger, Peter	125	Wild, Peter	141
Storch, Walburga	136	Willms, Wilhelm	144

Wolff, Uwe	75, 120, 127	Zenger, Erich	120
Wollbold, Andreas	125	Zillober, Konrad	149
Wrembek, Christoph	146	Zimmermann, Helmut	125
Wüstenväter	25, 136	Zink, Jörg	134, 136
		Zollitsch, Robert	52
		Zulehner, Paul M.	120, 134

Ebenfalls erschienen bei

topos taschenbücher

Gerhard Hartmann (Hg.)
Was mir Halt gibt
*Gedanken von Benedikt XVI., Mutter Teresa,
Anselm Grün, Jörg Zink u.a.*

224 Seiten

Band 667
ISBN 978-3-8367-0667-3

www.toposplus.de

Ebenfalls erschienen bei

topos taschenbücher

Heidi Rose / Brunhilde Steger / Gertrud Widmann (Hg.)
Wie Frauen das Leben bewegen

*Texte von und zu Maria, Hildegard von Bingen,
Elisabeth von Thüringen, Mutter Teresa,
Simone Weil u. a.*

168 Seiten

Band 743
ISBN 978-3-8367-0743-5

www.toposplus.de